Teacher's Manual and Key

SPANISH IS FUN

BOOK 2

Heywood Wald, PhD

When ordering this book, please specify either **N 483 T**
or SPANISH IS FUN, BOOK 2, TEACHER'S MANUAL

AMSCO

AMSCO SCHOOL PUBLICATIONS, INC.
315 Hudson Street / New York, N.Y. 10013

Cassettes

The Cassette program comprises six two-sided cassettes. The voices are those of native speakers of Spanish from several Latin-American countries.

Each of the twenty lessons in the textbook includes the following cassette materials:

Oral exercises (from the *Teacher's Manual* and textbook) in four-phased sequences: cue—pause for student response—correct response by native speaker—pause for student repetition.

The narrative or playlet at normal listening speed.

Questions based on the narrative or playlet in four-phased sequences.

The dialog with model responses at normal speed, then again by phrases with pauses for student repetition.

In addition, the final cassette includes the listening-comprehension passages in the Proficiency Test.

The Cassettes (Ordering Code N 513 C) are available separately from the publisher. A complete cassette script is included.

ISBN 0-87720-540-X

Printed in the United States of America

Introduction

This *Teacher's Manual and Key* for SPANISH IS FUN includes:
- Suggestions for presenting the key sections of the lessons.
- Explanatory notes that teachers may wish to use in suitable classroom contexts.
- Optional oral exercises not printed in the student text, designed to practice and test the audiolingual skills.
- A complete Key to all blank slots in the structural sections, all exercises, and all games and puzzles.
- Teacher-dictation components of the Proficiency Test, along with suggestions for scoring student performance.

Vocabulary

Present the active vocabulary of each lesson before taking up the readings or structural elements. With the aid of supplementary materials (pictures, objects), pronounce each new expression in a dramatic and even, where appropriate, an exaggerated manner.

Have student repeat each expression individually or in unison. Using gestures and intonations, prompt students to respond individually to simple questions in order to reinforce the pronunciation and meaning of each new item. Before this procedure works successfully, you may have to engage in a type of monologue through which the full meaning of the new vocabulary is set forth:

¿Qué es la paella?
Es un plato de España.
¿Qué contiene la paella?
La paella contiene muchos ingredientes: el arroz, la carne, el pollo, el pescado etc.
Es un plato delicioso. Es muy rico. Por eso, es muy popular en España y en muchos países latinoamericanos.

As the work progresses and students become more proficient, questions may increase in number and difficulty. You may also wish to recognize varying degrees of readiness among students by individualizing the cue-response sequences.

1

Structures

Structure is presented inductively in order to encourage students to discover and formulate their own conclusions about grammatical principles. The sequences of questions and directed responses about structure include open "slots" for completion by students. This device is designed to motivate students to observe, compare, reason, and form conclusions. Do the optional oral exercises in this Manual after the presentation of structures.

Actividades

The exercises (which may be done both orally and in writing) are closely integrated with the learning materials in that they follow directly after the materials to which they apply. The exercises are designed to make students work actively in the language—hence, **actividades**—whether they practice vocabulary, structure, conversation, or writing. Systematic recycling of lexical and structural elements helps reinforce all materials and develops increasing proficiency as the course progresses.

Reading

The narratives or playlets in the lessons feature new vocabulary and structural elements and reinforce previously learned structure and expressions. Although these narratives and playlets are intended chiefly to develop reading skill, they are equally suitable for practice in listening comprehension, speaking, and—through the accompanying **actividades**—writing.

To maintain class interest, each reading passage may be divided into appropriate segments and presented in different ways: the teacher reads; the class repeats phrases in unison after the teacher; individual students are called on to read or repeat.

When working with playlets, it is, of course, far more interesting and effective to assign different roles to students, so that they may realistically act out the situations. Presenting the materials in a lifelike setting makes them far more enjoyable and meaningful for the students than they would be by merely repeating disparate sentences.

Each reading piece is followed by questions and answers, which may be done orally or in writing. Teachers may wish to expand upon the **actividades** provided in the book by personalizing the materials in addition to those in the text.

Conversation

The short dialog exercise in each lesson is designed to stimulate creative speaking. Call on students to articulate and dramatize the dialog with their own creative variations. Assign roles to individual students and groups and reverse roles so that every student has an opportunity to participate. You may wish to check comprehension by means of an oral exercise.

Personal Information

The entire lesson sequence has as its major goal the ability to apply acquired skills freely. Through **Preguntas personales** and **Información personal,** students are encouraged to express themselves freely about their own lives and experiences. Sample responses for these exercises are included in the Key.

Primera Parte

Lección 1

Notes: The vocabulary of this lesson deals with typical dishes of Spain and Latin America. Before going into this specialized terminology, review basic food terms: **carne, pollo, leche, papas,** and so on. These words can then be used to describe the makeup of the **"platos típicos"** presented in this lesson.

Students like to talk about food, their likes and dislikes. This lesson may be supplemented by pictures of various foods, menus, and/or actual examples of Spanish, Mexican, or other Hispanic delicacies supplied by the teacher and students.

Most American supermarkets now carry a wide variety of ethnic foods, such as **empanadas, frijoles refritos, tamales,** and others. This lesson provides an excellent opportunity for the construction of menus and the chance to sample actual dishes at a Spanish or Latin-American food festival.

Optional Oral Exercises

A. Change the following sentences to questions using the given interrogative words:

EXAMPLE: Vamos al cine (¿Cuándo?)
         ¿Cuándo vamos al cine?

1. Hay casas en la calle.   (¿Cuántas?)
2. Es el presidente de los E.U.   (¿Quién?)
3. Ud. quiere ir a la escuela.   (¿Adónde?)
4. Uds. comen en el restaurante.   (¿Por qué?)
5. Es un edificio.   (¿Qué?)
6. Nosotros hacemos el trabajo.   (¿Cómo?)
7. María va a Puerto Rico.   (¿Cuándo?)
8. Son estudiantes.   (¿Quiénes?)
9. Ud. tiene dinero.   (¿Cuánto?)
10. Madrid está en España.   (¿Dónde?)

1. ¿Cuántas casas hay en la calle?
2. ¿Quién es el presidente de los E.U.?
3. ¿Adónde quiere Ud. ir?
4. ¿Por qué comen Uds. en el restaurante?
5. ¿Qué es un edificio?
6. ¿Cómo hacemos nosotros el trabajo?
7. ¿Cuándo va María a Puerto Rico?
8. ¿Quiénes son estudiantes?
9. ¿Cuánto dinero tiene Ud.?
10. ¿Dónde está Madrid?

B. Repeat the model sentence substituting the new subject you hear and making the necessary changes:

EXAMPLE: Yo conozco a la maestra.   (Él)
         El conoce a la maestra.

1. Ud.	5. Mi amigo Juan	8. Nosotros
2. Pedro	6. La señora Morales	9. Ustedes
3. Mi mamá	7. Mis amigos	10. Ella
4. Tú		

KEY

1. *Ud. conoce a la maestra.*
2. *Pedro conoce a la maestra.*
3. *Mi mamá conoce a la maestra.*
4. *Tú conoces a la maestra.*
5. *Mi amigo Juan conoce a la maestra.*
6. *La señora Morales conoce a la maestra.*
7. *Mis amigos conocen a la maestra.*
8. *Nosotros conocemos a la maestra.*
9. *Ustedes conocen a la maestra.*
10. *Ella conoce a la maestra.*

C. Repeat the model sentence substituting the new subject you hear and making the necessary changes:

EXAMPLE: Yo sé dónde vive Francisco.   (Él)
         Él sabe dónde vive Francisco.

1. Ana
2. Ud.
3. Mi papá
4. Rafael
5. Nosotros

6. Tú
7. Mis amigas
8. El señor Gómez
9. Daniel y Elena
10. Ustedes

KEY

1. *Ana sabe dónde vive Francisco.*
2. *Ud. sabe dónde vive Francisco.*
3. *Mi papá sabe dónde vive Francisco.*
4. *Rafael sabe dónde vive Francisco.*
5. *Nosotros sabemos dónde vive Francisco.*
6. *Tú sabes dónde vive Francisco.*
7. *Mis amigas saben dónde vive Francisco.*
8. *El señor Gómez sabe dónde vive Francisco.*
9. *Daniel y Elena saben dónde vive Francisco.*
10. *Ustedes saben dónde vive Francisco.*

D. Mr. and Mrs. Rodríguez go to a Mexican restaurant called "Los Tres Sombreros" every Saturday evening. Ask Mr. Rodríguez for information about the following, using either **¿sabe usted?** or **¿conoce usted?**:

1. el restaurante «Los Tres Sombreros»
2. a qué hora abre el restaurante
3. a los camareros
4. si sirven comida cubana
5. si la comida es buena allí
6. las enchiladas
7. dónde queda el restaurante «Los Tres Sombreros»
8. si los camareros hablan español
9. otros restaurantes mexicanos
10. si los domingos está abierto el restaurante

KEY

1. *¿Conoce Ud. el restaurante «Los Tres Sombreros»?*
2. *¿Sabe Ud. a qué hora abre el restaurante?*
3. *¿Conoce Ud. a los camareros?*
4. *¿Sabe Ud. si sirven comida cubana?*
5. *¿Sabe Ud. si la comida es buena allí?*

6. ¿Conoce Ud. las enchiladas?
7. ¿Sabe Ud. dónde queda el restaurante «Los Tres Sombreros»?
8. ¿Sabe Ud. si los camareros hablan español?
9. ¿Conoce Ud. otros restaurantes mexicanos?
10. ¿Sabe Ud. si los domingos está abierto el restaurante?

E. Directed dialog. Student #1 asks the question, student #2 responds, class responds in unison.

EXAMPLES: Pregúntele a un alumno / una alumna si a él / ella le gusta el arroz con pollo.

STUDENT #1:	Pablo, ¿le gusta el arroz con pollo?
STUDENT #2:	Sí, me gusta (No, no me gusta) el arroz con pollo.
CLASS IN UNISON:	Sí, le gusta (No, no le gusta) el arroz con pollo.

Préguntele a un alumno / una alumna si a él / ella le gusta(n)

1. el gazpacho.
2. la sopa de ajo.
3. la fabada.
4. la empanada.
5. los camarones al ajillo.
6. la paella.
7. la ternera a la sevillana.
8. la natilla.
9. el flan.
10. el arroz con leche.

KEY (Sample responses)

STUDENT #1	STUDENT #2
1. ¿Le gusta el gazpacho?	No, no me gusta el gazpacho.
2. ¿Le gusta la sopa de ajo?	Sí, me gusta la sopa de ajo.
3. ¿Le gusta la fabada?	Sí, me gusta la fabada.
4. ¿Le gusta la empanada?	Sí, me gusta la empanada.
5. ¿Le gustan los camarones al ajillo?	Sí, me gustan los camarones al ajillo.
6. ¿Le gusta la paella?	Sí, me gusta la paella.
7. ¿Le gusta la ternera a la sevillana.	Sí, me gusta la ternera a la sevillana.
8. ¿Le gusta la natilla?	No, no me gusta la natilla.
9. ¿Le gusta el flan?	No, no me gusta el flan.
10. ¿Le gusta el arroz con leche?	Sí, me gusta el arroz con leche.

Key to Actividades

A (Sample responses)

1. *el gazpacho*
2. *la empanada*

3. *el arroz con pollo*
4. *el flan*

B (Sample responses)

Silvia: *gazpacho*
Margarita: *natilla*
Roberto: *fabada*
Ana: *tortilla de patatas*

Carlos: *arroz con leche*
Pablo: *empanadas*
Carmen: *paella*
Andrés: *camarones al ajillo*

Key to Structures

3 Which question words did you notice in the conversation? *Qué* and *cuál.*

Key to Actividades

C 1. *Qué*   2. *Cuál*   3. *Qué*   4. *Cuál*   5. *Cuáles*

D (Sample responses)

1. *¿Cuál es su plato favorito?*
2. *¿Qué postre le gusta a Ud.?*
3. *¿Cuáles son sus sopas preferidas?*
4. *¿Qué le gusta comer para el almuerzo?*
5. *¿Cuáles son sus legumbres favoritas?*

E 1. *Baldomero Bocagrande es el maestro de ceremonias.*
2. *Es un concurso de televisión.*
3. *María tiene que contestar diez preguntas.*
4. *Los concursantes pueden ganar hasta mil dólares.*
5. *A él le gusta la comida picante.*
6. *El restaurante mexicano favorito de los López es «El Rancho Grande».*
7. *Queda en la parte vieja de la ciudad.*
8. *Salen a comer afuera los fines de semana.*
9. *Después de comer en el restaurante van al cine o regresan a casa.*
10. *Manuel López es el marido de la otra concursante.*

Key to Structures

6 What do all the above question words have in common? *An accent mark.*

Key to Actividades

F
1. *Cuántas*
2. *Cuál*
3. *Qué*
4. *Cómo*
5. *Dónde*
6. *Adónde*
7. *Cuántas*
8. *Por qué*
9. *Cuándo*
10. *Quién*

G
1. *Quién*
2. *Adónde*
3. *Por qué*
4. *Cuánto*
5. *Qué*
6. *Cuándo*
7. *Cuántos*
8. *Quiénes*
9. *Cuál*
10. *Dónde*

H (Sample responses)

1. *Mi madre prepara la comida en casa.*
2. *Mis actores favoritos son . . .*
3. *La casa donde vivo es de mis padres.*
4. *En las vacaciones visito a mis primos.*
5. *Voy a invitar a todos mis amigos.*
6. *Soy amigo(-a) de todos.*

I
1. *Sé*
2. *conocen*
3. *Sabe*
4. *sé*
5. *conozco*
6. *Conoce*
7. *Saben*
8. *sé*
9. *conocemos*
10. *Sabes*

Preguntas personales (Sample responses)

1. *Mi programa favorito es . . . porque es muy divertido.*
2. *Voy al cine los sábados.*
3. *Me gusta la comida mexicana.*
4. *Mis restaurantes preferidos son los de servicio rápido.*
5. *Voy a la playa.*

Información personal (Sample responses)

1. *¿Quiénes viven en la Casa Blanca?*
2. *¿Cómo se llama el presidente de los Estados Unidos?*
3. *¿Cuántos estados hay en los Estados Unidos?*
4. *¿Cuál es la capital de los Estados Unidos?*
5. *¿Cuánto dinero espera ganar en este concurso?*

Composición

1. *¿Cómo te llamas?*
2. *¿Cuál es tu dirección?*
3. *¿Cuál es tu número de teléfono?*
4. *¿Cuál es tu clase favorita?*
5. *¿Cuántos hermanos tienes?*

Diálogo (Sample responses)

¿Cómo se llama Ud.?
Me llamo Luisa Rosas.
¿Cuántos años tiene Ud.?
Tengo 23 años.
¿Cuál es su dirección?
Mi dirección es Avenida Primavera, número 45.
¿Dónde trabaja Ud.?
Trabajo en una oficina.
¿De quién es la oficina?
La oficina es de los Señores Blanco.
¿Qué hace Ud. los fines de semana?
Los fines de semana voy a Nueva York.
¿Por qué va allá?
Porque tengo un hermano allá.
¿Cuándo regresa Ud. aquí?
Regreso aquí el lunes.
¿Por qué va allá?
Porque tengo un hermano allá.
¿Cuándo regresa Ud. aquí?
Regreso aquí el lunes.

Lección 2

Notes: A "treasure hunt" might serve as a motivational device for this lesson, which deals with the finding of a buried treasure on the beach. Different items can be secreted throughout the classroom. The teacher then provides a student (or the captain of a team of students) with a list of clues (in Spanish, of course): **debajo del escritorio del profesor, a dos pasos de la puerta,** etc.) that students must follow and decipher in order to arrive at **"el tesoro sepultado."**

Optional Oral Exercises

A. Form sentences using the given information:

EXAMPLE: defender a los niños / yo
Yo defiendo a los niños.

1. dormir por la tarde / Ana
2. cerrar la puerta / tú
3. almorzar temprano / Pedro
4. encontrar tres dólares en la calle / yo
5. repetir la pregunta / usted
6. perder mucho tiempo / nosotros
7. mentir siempre / Roberto
8. volver mañana / mis tías
9. pensar siempre en las vacaciones / tú
10. defender a los Estados Unidos / nosotros

KEY

1. *Ana duerme por la tarde.*
2. *Tú cierras la puerta.*
3. *Pedro almuerza temprano.*
4. *Yo encuentro tres dólares en la calle.*
5. *Usted repite la pregunta.*
6. *Nosotros perdemos mucho tiempo.*
7. *Roberto miente siempre.*
8. *Mis tías vuelven mañana.*
9. *Tú piensas siempre en las vacaciones.*
10. *Nosotros defendemos a los Estados Unidos.*

B. Form sentences using the given information:

EXAMPLE: reír cuando ve esa película / Elena
Elena ríe cuando ve esa película.

1. servir la comida a las 7 / tú
2. sonreír a los niños / la maestra
3. seguir un curso de francés / nosotros
4. repetir la lección / Armando
5. reír cuando juegas con tu gato / tú
6. seguir a Roberto a la escuela / ese perro

7. sonreír a mi abuela / yo
8. servir a los clientes / ustedes
9. repetir la pregunta / usted

KEY

1. *Tú sirves la comida a las 7.*
2. *La maestra sonríe a los niños.*
3. *Nosotros seguimos un curso de francés.*
4. *Armando repite la lección.*
5. *Tú ríes cuando juegas con tu gato.*
6. *Ese perro sigue a Roberto a la escuela.*
7. *Yo sonrío a mi abuela.*
8. *Ustedes sirven a los clientes.*
9. *Usted repite la pregunta.*

C. Make the following sentences plural:

EXAMPLE: Yo duermo en casa.
               Nosotros dormimos en casa.

1. Él defiende el país.
2. Yo pierdo el dinero.
3. Tú juegas en el parque.
4. Ella no puede ver la casa.
5. ¿Entiende Ud. la lección?
6. Él no encuentra la respuesta.
7. Yo siempre repito las palabras.
8. Ella nunca miente.
9. ¿Prefiere Ud. la carne?
10. ¿A qué hora almuerzas tú?

KEY

1. *Ellos defienden el país.*
2. *Nosotros perdemos el dinero.*
3. *Uds. juegan en el parque.*
4. *Ellas no pueden ver la casa.*
5. *¿Entienden Uds. la lección?*
6. *Ellos no encuentran la respuesta.*
7. *Nosotros siempre repetimos las palabras.*

8. *Ellas nunca mienten.*
9. *¿Prefieren Uds. la carne?*
10. *¿A qué hora almuerzan Uds.?*

D. Change the verbs in the following sentences according to the subjects you hear:

EXAMPLE: Yo pienso en María. (ellos)
 Ellos piensan en María.

1. Yo juego al béisbol. (Pablo)
2. Nosotros cerramos la puerta. (yo)
3. Uds. vuelven tarde. (tú)
4. El profesor repite la frase. (los alumnos)
5. ¿Quiere Ud. venir conmigo? (Uds.)
6. ¿Cuánto cuesta el libro? (los libros)
7. ¿Quién sirve la comida? (quiénes)
8. Yo empiezo el trabajo. (José)
9. María cuenta el dinero. (María y su mamá)
10. Nosotros podemos andar. (yo)

KEY

1. *Pablo juega al béisbol.*
2. *Yo cierro la puerta.*
3. *Tú vuelves tarde.*
4. *Los alumnos repiten la frase.*
5. *¿Quieren Uds. venir conmigo?*
6. *¿Cuánto cuestan los libros?*
7. *¿Quienes sirven la comida?*
8. *José empieza el trabajo.*
9. *María y su mamá cuentan el dinero.*
10. *Yo puedo andar.*

E. Directed dialog. Student #1 asks the question with **querer,** student #2 responds with **poder,** class responds in unison:

EXAMPLE: Pregúntele a un alumno / una alumna si el / ella quiere ir al cine.

STUDENT #1	STUDENT #2	CLASS
¿Quieres ir al cine?	No, no puedo.	No, no puede.

Pregúntele a un alumno / una alumna si él / ella quiere

1. leer el periódico.
2. abrir la ventana.
3. ver la televisión.
4. beber un jugo de frutas.
5. venir en mi auto.
6. comer una pizza.
7. trabajar en la biblioteca.
8. viajar a Puerto Rico.
9. contar un cuento.
10. llamar a Susana.

KEY

	STUDENT #1	STUDENT #2	CLASS
1.	*¿Quieres leer el periódico?*	*No, no puedo.*	*No, no puede.*
2.	*¿Quieres abrir la ventana?*	*No, no puedo.*	*No, no puede.*
3.	*¿Quieres ver la televisión?*	*No, no puedo.*	*No, no puede.*
4.	*¿Quieres beber un jugo de fruta?*	*No, no puedo.*	*No, no puede*
5.	*¿Quieres venir en mi auto?*	*No, no puedo.*	*No, no puede.*
6.	*¿Quieres comer una pizza?*	*No, no puedo.*	*No, no puede.*
7.	*¿Quieres trabajar en la biblioteca?*	*No, no puedo.*	*No, no puede.*
8.	*¿Quieres viajar a Puerto Rico?*	*No, no puedo.*	*No, no puede.*
9.	*¿Quieres contar un cuento?*	*No, no puedo.*	*No, no puede.*
10.	*¿Quieres llamar a Susana?*	*No, no puedo.*	*No, no puede.*

Key to Actividades

A (Sample responses)

Una muchacha y un muchacho, en traje de baño, toman el sol. Dos niños juegan en la arena. Hacen un castillo de arena. Hay una mujer sentada en una silla leyendo una revista. Hay un barco de vela en el mar. Hay tres muchachos en la orilla del mar. Ellos ven un tiburón.

B (Sample responses)

1. *el traje de baño*
2. *la toalla*
3. *la loción bronceadora*
4. *las gafas de sol*
5. *un peine*
6. *una pelota*
7. *una radio*
8. *un sombrero*
9. *una camisa*
10. *refrescos*

Key to Structures

3 . . .

yo *quiero*	*puedo*
tú *quieres*	*puedes*
Ud., él, ella *quiere*	*puede*
nosotros *queremos*	*podemos*
Uds., ellos, ellas *quieren*	*pueden*

What happened to the stem of the verb **querer?** The **e** changed to *ie* . . . What happened to the stem of the verb **poder?** The **o** changed to *ue* . . .

4 . . .

yo *pierdo*	*miento*
tú *pierdes*	*mientes*
Ud., él, ella *pierde*	*miente*
nosotros *perdemos*	*mentimos*
Uds., ellos, ellas *pierden*	*mienten*

yo *vuelvo*	*duermo*
tú *vuelves*	*duermes*
Ud., él, ella *vuelve*	*duerme*
nosotros *volvemos*	*dormimos*
Uds., ellos, ellas *vuelven*	*duermen*

Key to Actividades

C
1. *prefiero*
2. *prefieres*
3. *prefieren*
4. *preferimos*
5. *prefieren*
6. *prefiere*

D
1. *Carlos encuentra un periódico.*
2. *Yo encuentro un cubo.*
3. *Ud. encuentra una toalla.*
4. *Uds. encuentran unas gafas de sol.*
5. *Nosotros encontramos una loción bronceadora.*
6. *Tú encuentras una pala.*

E
1. *juegan*
2. *quieren*
3. *prefiero*
4. *piensas*
5. *almuerzan*
6. *llueve*
7. *podemos*
8. *pierde / encuentra*
9. *cuesta*
10. *vuelves*

F 1. defender 3. dormir 5. encontrar 7. cerrar
   2. mentir 4. jugar 6. entender 8. preferir

G 1. cuentan 3. empiezo 5. duerme 7. pierden
   2. almuerzan 4. vuelves 6. encontramos 8. cierran

H (Sample responses)
1. Es una isla tropical.
2. En la playa están dos personas y un perro.
3. Caminan lentamente por la orilla del mar.
4. La chica piensa que la isla es un paraíso.
5. El chico piensa que ella tiene razón.
6. Según la chica, hay tesoros sepultados en la arena.
7. Ella encuentra una botella.
8. Dentro de la botella hay un mapa de un tesoro.
9. Debajo de la palmera hay una piedra grande.
10. Yo creo que descubren una joya.

I 1. pido 3. piden 5. pides
   2. pide 4. pedimos 6. piden

J 1. repite 3. repito 5. repetimos
   2. repites 4. repite 6. repiten

K 1. quiere 5. prefiere 9. repite
   2. duerme 6. pierdes 10. pienso / nieva
   3. enciende 7. encuentran 11. sonríe
   4. pido 8. entiendo 12. siguen

L 1. No entiendo muy bien el español.
2. ¿Cuánto cuesta el cuarto?
3. ¿Dónde duermo yo? (¿Dónde dormimos?)
4. Mi familia quiere estar aquí por cinco días.
5. ¿A qué hora sirven el desayuno?
6. ¿Dónde puedo tomar el autobús?
7. ¿A qué hora cierran el comedor?
8. ¿Llueve mucho aquí?
9. Prefiero ir a la playa ahora.
10. Vuelvo al hotel para el almuerzo.

Diálogo (Sample responses)

Quiero ir a la playa el domingo.
  Sí, claro. Yo también quiero ir.
¿A qué playa prefieres ir?
  Vamos a una playa cerca de aquí.
¿Cuánto cuesta ir en autobús?
  Un dólar.
Está bien. ¿Puedes preparar unos sandwiches para el almuerzo?
  No hay problema.
Bien. ¿A qué hora quieres salir?
  Vamos después de las doce.

Preguntas personales (Sample responses)

1. *Yo tomo el sol.*
2. *Vivo cerca de la playa de Coney Island.*
3. *Leo libros sobre piratas porque hay mucha acción.*
4. *Creo que hay tesoros en el mar a causa de las muchas batallas.*
5. *Hablan español en Cuba, Puerto Rico y La República Dominicana.*
6. *Prefiero una playa con mucha gente porque hay más actividades.*

Información personal (Sample responses)

1. *Hay que caminar veinte pasos hasta llegar a una colina.*
2. *Detrás de la colina hay un viejo tronco de árbol.*
3. *Hay que ir desde el tronco hasta la playa.*
4. *Camine en la playa una milla hacia el este.*
5. *Cerca de una palmera, hay que cavar para encontrar el tesoro sepultado.*

Lección 3

Notes: This lesson dealing with jewelry lends itself readily to playacting. Have students bring in costume jewelry. Many of these items (bracelets, rings, and the like) can be bought cheaply in quantities. Students can then act out skits, purchasing various items at the **joyería,** asking to see different items, asking prices, and so on.

Optional Oral Exercises

A. Give the opposites of the following:

    1. alguien   2. algo   3. siempre   4. alguno   5. también

KEY

    1. *nadie*   2. *nada*   3. *nunca*   4. *ninguno*   5. *tampoco*

B. Answer the following questions in the negative:

    EXAMPLE: ¿Tiene Ud. algo?
             No, no tengo nada.

    1. ¿Va Ud. siempre al cine?
    2. ¿Quieren Uds. algún periódico?
    3. ¿Trabaja Ud. también?
    4. ¿Puedes ver algo?
    5. ¿Ve Ud. a alguien?

KEY

    1. *No, no voy nunca al cine.*
    2. *No, no queremos ningún periódico.*
    3. *No, no trabajo tampoco.*
    4. *No, no puedo ver nada.*
    5. *No, no veo a nadie.*

C. Juan always imitates Antonio and Luisa. Form sentences with the information given:

    EXAMPLE: Antonio y Luisa nunca mienten.
             Juan tampoco miente.

    1. Antonio y Luisa nunca quieren ir a la playa.
    2. Antonio y Luisa nunca compran ropa de última moda.
    3. Antonio y Luisa nunca toman café.
    4. Antonio y Luisa nunca comen comida con sal.
    5. Antonio y Luisa nunca bailan salsa.
    6. Antonio y Luisa nunca trabajan por la noche.
    7. Antonio y Luisa nunca salen cuando llueve.
    8. Antonio y Luisa nunca tienen frío.

1. *Juan tampoco quiere ir a la playa.*
2. *Juan tampoco compra ropa de última moda.*
3. *Juan tampoco toma café.*
4. *Juan tampoco come comida con sal.*
5. *Juan tampoco baila salsa.*
6. *Juan tampoco trabaja por la noche.*
7. *Juan tampoco sale cuando llueve.*
8. *Juan tampoco tiene frío.*

D. Say that Aleyda doesn't do the following things:

EXAMPLE: tomar el sol
         Aleyda no toma el sol nunca.

1. ver películas	4. escuchar la radio
2. jugar al baloncesto	5. llevar sombrero
3. ir al teatro	

KEY

1. *Aleyda no ve películas nunca.*
2. *Aleyda no juega al baloncesto nunca.*
3. *Aleyda no va al teatro nunca.*
4. *Aleyda no escucha la radio nunca.*
5. *Aleyda no lleva sombrero nunca.*

E. Directed dialog. Student #1 asks the question, student #2 responds, class responds in unison.

EXAMPLE: Pregúntele a un alumno / una alumna si él / ella va al cine con sus amigos.

STUDENT #1	STUDENT #2
¿Vas al cine con tus amigos?	No, nunca voy al cine con mis amigos.

Pregúntele a un alumno / una alumna si él / ella
1. come algo ahora.
2. dice siempre mentiras.
3. lee este periódico.

4. sabe dónde está mi prima.
5. conoce a alguien en la escuela.
6. va a la playa los domingos.

KEY (Sample responses)

	STUDENT #1	STUDENT #2
1.	*¿Comes algo ahora?*	*No, no como nada ahora.*
		No, ahora no como nada.
2.	*¿Dices siempre mentiras?*	*No, nunca digo mentiras.*
		No, no digo mentiras nunca.
3.	*¿Lees este periódico?*	*No, no leo nada.*
4.	*¿Sabes dónde está mi prima?*	*No, no sé dónde está tu prima.*
5.	*¿Conoces a alguien en la escuela?*	*No, no conozco a nadie (en la escuela).*
		No, (en la escuela) no conozco a nadie.
6.	*¿Vas a la playa los domingos?*	*No, nunca voy a la playa.*
		No, no voy nunca a la playa.

NOTE: Class responds in unison after each sequence:

EXAMPLE: *No, nunca va a la playa (los domingos).*

A

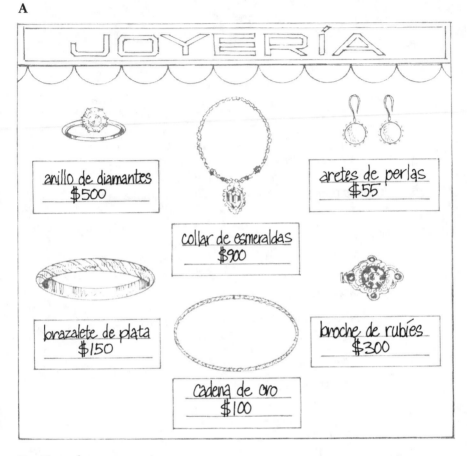

JOYERÍA

anillo de diamantes
$500

collar de esmeraldas
$900

aretes de perlas
$55

brazalete de plata
$150

broche de rubíes
$300

cadena de oro
$100

B (Sample responses)
1. *Compro una cadena de oro para mi amigo Juan.*
2. *Compra unos aretes para mi amiga Carla.*
3. *Compro un broche para mi madre.*
4. *Compro un brazalete para mi hermana Clarita.*
5. *Compro un anillo para mi hermano Miguel.*

Key to Structures

2 . . . To make any sentence negative, simply put *no* before the verb.

Key to Actividades

C
1. *El mago está sentado en una silla delante de un grupo de gente.*
2. *Tiene los ojos vendados.*
3. *El ayudante dice que tiene un objeto en la mano.*
4. *Tiene un reloj.*
5. *Un truco es una ilusión.*
6. *La clave del mago consiste en una tabla de equivalentes.*
7. *Sabe la tabla de equivalentes.*
8. *La primera palabra de cada frase es importante.*
9. *Reloj tiene cinco letras.*
10. *El ayudante usa cinco frases.*

Key to Structures

3 . . .

nobody (no one)	*nadie*	somebody (someone)	*alguien*
nothing (not anything)	*nada*	something	*algo*
neither . . nor	*ni . . ni*	or	*o*
never	*nunca*	always	*siempre*
never	*jamás*		
neither	*tampoco*	also, too	*también*

4 . . . Where is the negative word placed? *Before the verb* . . . What word is placed directly before the verb? *no.* Where is the negative word placed? *After the verb.*

D
1. *Yo tampoco quiero el collar. / Yo no quiero el collar tampoco.*
2. *Yo tampoco uso aretes. / Yo no uso aretes tampoco.*
3. *Yo tampoco encuentro el reloj. / Yo no encuentro el reloj tampoco.*
4. *Yo tampoco sé hacer trucos. / Yo no sé hacer trucos tampoco.*
5. *Yo tampoco puedo ir a la joyería. / Yo no puedo ir a la joyería tampoco.*

E
1. *Yo nunca (jamás) trabajo los domingos. / Yo no trabajo nunca (jamás) los domingos.*
2. *Yo nunca (jamás) compro joyas. / Yo no compro joyas nunca (jamás).*
3. *Yo nunca (jamás) tomo el sol. / Yo no tomo el sol nunca (jamás).*

4. *Yo nunca (jamás) descubro un tesoro. / Yo no descubro un tesoro nunca (jamás).*
5. *Yo nunca (jamás) como afuera. / Yo no como afuera nunca (jamás).*

F 1. *No me gusta ni el maíz ni el arroz.*
2. *No me gusta ni la carne ni el pescado.*
3. *No me gusta ni el pollo ni el rosbif.*
4. *No me gustan ni los tacos ni las enchiladas.*
5. *No me gustan ni las naranjas ni las manzanas.*

G 1. *Yo no veo a nadie.*   4. *Yo no tomo nada.*
2. *Yo no escribo nada.*   5. *Yo no quiero a nadie.*
3. *Yo no busco a nadie.*

H 1. *No, no hago nada ahora.*
2. *No, no conozco a nadie en México.*
3. *No, no digo nunca la verdad.*
4. *No prefiero ni comer ni mirar la televisión.*
5. *No voy nunca al cine con mis amigos. / Nunca voy al cine con mis amigos.*
6. *No, no llamo a nadie por teléfono.*

I 1. *No, gracias. No quiero ninguna torta.*
2. *No, gracias. No quiero ningunos discos.*
3. *No, gracias. No quiero ninguna fruta.*
4. *No, gracias. No quiero ningún libro.*
5. *No, gracias. No quiero ningún plato típico.*

J 1. *Yo no voy a la fiesta tampoco.*
2. *No sé nada sobre el Paraguay.*
3. *Mi hermana no va nunca al cine.*
4. *No, mis padres no conocen a nadie en España.*
5. *Ningún libro vale mil dólares.*
6. *No tengo exámenes nunca. / Nunca tengo exámenes.*
7. *No, hoy no está abierta ninguna tienda.*
8. *No, no tengo ningún trabajo para mañana.*
9. *No quiero comer ni un pastel ni un sandwich.*
10. *No, no veo nada interesante en esa joyería.*

Diálogo (Sample responses)

El objeto que tiene en la mano, ¿es grande o pequeño?
  No es ni grande ni pequeño.
¿Cuesta mucho dinero?
  Sí, cuesta una fortuna.
¿Quiénes lo usan, los hombres o las mujeres?
  Generalmente los hombres y las mujeres.
Entonces, es un brazalete de oro, ¿verdad?
  Sí, tiene razón.
Por supuesto, nunca cometo un error.
  Fantástico. Ud. lo sabe todo.

Preguntas personales (Sample responses)

1. *Sí, me gusta ver actos de magia porque son interesantes.*
2. *En inglés significa «The hand is quicker than the eye».*
3. *No, no conozco a ningún mago.*
4. *Sí, uso un anillo de plata.*
5. *Sí, mi reloj de pulsera es bonito. Es muy moderno.*

Información personal (Sample responses)

1. *sirvo*	3. *la leche*	5. *no hago*
2. *el café / el té*	4. *miento*	

Composición (Sample responses)

Objeto: Un anillo.
Clave: La primera letra de la tercera palabra de cada frase que usa
después de «Maestro».

Maestro, ¿qué tengo AQUÍ en la mano? Señores, él NO puede ver nada
porque tiene los ojos vendados. No es ILUSIÓN. Maestro, ¿cómo se
LLAMA la cosa? Es un OBJETO muy común que usan hombres y mu-
jeres.

Lección 4

Notes: The vocabulary of this lesson concerns leisure-time activities. Students may be asked to list all the things they do (or would like to do) on any given weekend. Ask them to number these activities in order of their preference. After they understand and can express themselves in Spanish, have students ask each other in Spanish if they would like to participate in the various activities. Students may respond affirmatively or negatively.

Optional Oral Exercises

A. Ask a student in Spanish if he or she would like to
1. go shopping.
2. go to a concert.
3. see a movie.
4. go bowling.
5. go skating.
6. go to the theater.
7. see an exhibition at the museum.
8. swim in the pool.
9. go horseback riding.
10. go ice skating.

KEY

1. ¿Quieres ir de compras?
2. ¿Quieres ir a un concierto?
3. ¿Quieres ir al cine?
4. ¿Quieres jugar a los bolos?
5. ¿Quieres ir a patinar?
6. ¿Quieres ir al teatro?
7. ¿Quieres ver una exhibición en el museo?
8. ¿Quieres nadar en la piscina?
9. ¿Quieres montar a caballo?
10. ¿Quieres patinar en el hielo?

B. Express the formal singular command of the following verbs:

EXAMPLE: patinar   Patine.

1. comprar
2. escribir
3. vender
4. dormir
5. cerrar
6. comer
7. volver
8. mirar
9. abrir
10. aprender

1. *Compre.*
2. *Escriba.*
3. *Venda.*
4. *Duerma.*
5. *Cierre.*

6. *Coma.*
7. *Vuelva.*
8. *Mire.*
9. *Abra.*
10. *Aprenda.*

C. Express negative formal plural commands of the following verbs:

EXAMPLE: patinar   No patinen.

1. comprar
2. escribir
3. vender
4. dormir
5. cerrar

6. comer
7. volver
8. mirar
9. abrir
10. aprender

KEY

1. *No compren.*
2. *No escriban.*
3. *No vendan.*
4. *No duerman.*
5. *No cierren.*

6. *No coman.*
7. *No vuelvan.*
8. *No miren.*
9. *No abran.*
10. *No aprendan.*

D. You are doing certain things. Tell your little brother or sister to do the same things:

EXAMPLE: Yo escribo una carta.
         Escribe una carta también.

1. Yo cierro la ventana.
2. Yo entro en la casa.
3. Yo aprendo la lección.
4. Yo estudio mucho.
5. Yo abro el libro.

6. Yo leo el periódico.
7. Yo tomo leche.
8. Yo digo la verdad.
9. Yo voy al cine.
10. Yo vengo de la escuela.

KEY

1. *Cierra la ventana también.*
2. *Entra en la casa también.*
3. *Aprende la lección también.*
4. *Estudia mucho también.*

5. *Abre el libro también.*
6. *Lee el periódico también.*
7. *Toma leche también.*
8. *Di la verdad también.*
9. *Ve al cine también.*
10. *Ven de la escuela también.*

E. Now tell your little brother or sister not to do the same things you do:

EXAMPLE: Yo escribo cartas.
No escribas cartas.

1. Yo cierro la ventana.
2. Yo entro en la casa.
3. Yo aprendo la lección.
4. Yo estudio mucho.
5. Yo abro el libro.
6. Yo leo el periódico.
7. Yo tomo leche.
8. Yo digo la verdad.
9. Yo voy al cine.
10. Yo vengo de la escuela.

KEY

1. *No cierres la ventana.*
2. *No entres en la casa.*
3. *No aprendas la lección.*
4. *No estudies mucho.*
5. *No abras el libro.*
6. *No leas el periódico.*
7. *No tomes leche.*
8. *No digas la verdad.*
9. *No vayas al cine.*
10. *No vengas de la escuela.*

F. Directed dialog. Student #1 tells student #2 to do something. Student #2 responds that he / she doesn't want to:

EXAMPLE: Dígale a un alumno / una alumna que debe hacer la tarea.

STUDENT #1	STUDENT #2
Haz la tarea.	No, no quiero hacer la tarea.

Dígale a un alumno / una alumna que debe
1. decir la verdad.
2. oír programas en español.
3. poner el libro en la mesa.
4. salir de la clase.
5. traer el libro.
6. venir el jueves.
7. hacer los ejercicios.

KEY

<table>
<tr><td align="center">STUDENT #1</td><td align="center">STUDENT #2</td></tr>
<tr><td>1. *Di la verdad.*</td><td>*No, no quiero decir la verdad.*</td></tr>
<tr><td>2. *Oye programas en español.*</td><td>*No, no quiero oír programas en español.*</td></tr>
<tr><td>3. *Pon el libro en la mesa.*</td><td>*No, no quiero poner el libro en la mesa.*</td></tr>
<tr><td>4. *Sal de la clase.*</td><td>*No, no quiero salir de la clase.*</td></tr>
<tr><td>5. *Trae el libro.*</td><td>*No, no quiero traer el libro.*</td></tr>
<tr><td>6. *Ven el jueves.*</td><td>*No, no quiero venir el jueves.*</td></tr>
<tr><td>7. *Haz los ejercicios.*</td><td>*No, no quiero hacer los ejercicios.*</td></tr>
</table>

Key to Actividades

A
1. *Vamos a patinar.*
2. *Vamos a ver una película de horror.*
3. *Vamos a jugar al fútbol.*
4. *Vamos a bailar.*
5. *Vamos a visitar un museo.*
6. *Vamos a ir de compras.*

B (Sample responses)

1. *Vamos al teatro.*
2. *Vamos a nadar.*
3. *Vamos a comer en un restaurante.*
4. *Vamos a una fiesta.*
5. *Vamos a jugar al tenis.*

C (Sample responses)

1. *Da un paseo por la avenida.*
2. *Mandrako es hipnotista.*
3. *Es una manera de inducir un estado de sueño.*
4. *Dice que es una estupidez. Es para los ignorantes.*
5. *Usa su reloj.*
6. *Abre la boca, ladra, salta, corre y mete un dedo en el oído.*
7. *Dice que el hipnotismo es una tontería.*
8. *Ella dice: «¿Por qué no sacas el dedo del oído?»*

D 1. *Lea (Ud.) el periódico también.*
2. *Compre (Ud.) una camisa roja también.*
3. *Tome (Ud.) el autobús ahora también.*
4. *Visite (Ud.) la exhibición en el museo también.*
5. *Beba (Ud.) café en la cafetería también.*
6. *Estudie (Ud.) la lección para mañana también.*
7. *Monte (Ud.) a caballo también.*
8. *Duerma (Ud.) la siesta también.*
9. *Coma (Ud.) afuera los sábados también.*
10. *Nade (Ud.) en la piscina por la tarde también.*

E 1. *Cierren (Uds.) la puerta.*
2. *No mientan (Uds.).*
3. *Entren (Uds.) en la clase.*
4. *Abran (Uds.) el libro de español.*
5. *No duerman en clase.*
6. *Repitan (Uds.) las palabras del profesor.*
7. *Aprendan (Uds.) un poema de memoria.*

F
1. *Dé*	4. *salgan*	7. *Sea*	9. *vayan*
2. *Oigan*	5. *Tenga*	8. *Diga*	10. *Haga*
3. *Ponga*	6. *Vengan*		

G 1. *¡Dé Ud. un ejemplo!*
2. *¡Traiga Ud. una película española!*
3. *¡No salga Ud. ahora!*
4. *¡Diga Ud. algo!*
5. *¡Vaya Ud. a la cafetería ahora!*

H
1. *Visita el museo.*	6. *Almuerza a las doce.*
2. *Escribe en español.*	7. *Habla por teléfono.*
3. *Compra entradas para el cine.*	8. *Come la manzana.*
4. *Juega a los bolos.*	9. *Ayuda a los amigos.*
5. *Patina en el parque.*	10. *Vuelve a casa temprano.*

I 1. *Escribe todas las palabras. No escribas sólo la primera palabra.*
2. *Come todo tu almuerzo. No comas sólo el postre.*
3. *Habla con tu papá. No hables con tu mamá.*
4. *Estudia toda la lección. No estudies sólo el vocabulario.*

5. *Escucha al profesor. No escuches a tu amigo.*
6. *Llama el lunes. No llames el martes.*

J
1. *pongas*
2. *vayas*
3. *Compra*
4. *Come*
5. *Haz*
6. *Di*
7. *Ven / vengas*
8. *Sal*
9. *Vende*
10. *Ve*

K
1. *Ve a la escuela. No vayas al cine.*
2. *Haz las tareas. No mires la televisión ahora.*
3. *Sé bueno. No digas mentiras.*
4. *Ten cuidado. No corras.*
5. *Cierra la puerta, ve a tu cuarto y pon tu abrigo ahí.*

Preguntas personales (Sample responses)

1. *Voy al cine el sábado por la noche.*
2. *Por supuesto, patino en el hielo.*
3. *Me gusta ver las películas de horror y las de ciencia ficción.*
4. *Cuando voy al teatro, me gustan las comedias.*
5. *No sé montar a caballo.*
6. *No. Asisto a conciertos de música moderna.*
7. *Sí, me gusta jugar a los bolos. Pero no hay una bolera cerca de mi casa.*
8. *Juego al béisbol en el verano y al fútbol en el otoño.*

Diálogo (Sample responses)

¿Salgo con Luis esta noche?
  Sí, ¿por qué no?
Si salgo, entonces ¿cuándo hago las tareas para mañana?
  Puedes terminar las tareas esta tarde.
¿Cómo? Entonces, ¿no voy a mi clase de ballet esta tarde?
  No importa. Sabes bastante.
¿Qué excusa doy?
  Puedes decir que tienes un resfriado.
Está bien. ¿Vamos ahora a clase?
  Sí, vamos.

Información personal (Sample responses)

1. *Venga Ud. ahora.*
2. *Siéntese Ud. en esta silla.*
3. *Cierre Ud. los ojos.*
4. *Escuche Ud. atentamente.*
5. *Abra Ud. la boca.*
6. *Meta un dedo en la nariz.*

Lección 5

Notes: Copies of Spanish newspapers would be helpful in presenting the materials in this lesson. Students can then examine the various sections and see first-hand what they are called in Spanish. You may then have students compose their own news items, classified ads, and so on, within their vocabulary and structural range.

Optional Oral Exercises

A. Substitute in the model sentence the new expression you hear, making all necessary changes:

EXAMPLE: La biblioteca es pequeña. (el autobús)
El autobús es pequeño.

1. la estampilla
2. el perrito
3. bonito
4. la muchacha
5. alto

6. inteligente
7. el maestro
8. español
9. la camisa
10. azul

KEY

1. *La estampilla es pequeña.*
2. *El perrito es pequeño.*
3. *El perrito es bonito.*
4. *La muchacha es bonita.*
5. *La muchacha es alta.*

6. *La muchacha es inteligente.*
7. *El maestro es inteligente.*
8. *El maestro es español.*
9. *La camisa es española.*
10. *La camisa es azul.*

B. Answer the questions using the shortened forms of the adjectives:

EXAMPLE: ¿Vive Ana en el piso tercero?
Sí, ella vive en el tercer piso.

1. ¿Es bueno ese hotel?
2. ¿Lees el capítulo primero?
3. ¿Es malo ese consejo?
4. ¿Es bueno ese maestro?
5. ¿Trabaja Pablo en el edificio primero?
6. ¿Es malo ese periódico?

KEY

1. *Sí, es un buen hotel.*
2. *Sí, leo el primer capítulo.*
3. *Sí, es es un mal consejo.*
4. *Sí, es un buen maestro.*
5. *Sí, trabaja en el primer edificio.*
6. *Sí, es un mal periódico.*

C. Answer the questions using the negative shortened forms of the adjectives:

EXAMPLE: ¿Quieres algún gato.
No, no quiero ningún gato.

1. ¿Lees algún periódico?
2. ¿Conoces algún restaurante mexicano?
3. ¿Compras algún libro?
4. ¿Llevas algún suéter?
5. ¿Tomas algún jugo?

KEY

1. *No, no leo ningún periódico.*
2. *No, no conozco ningún restaurante mexicano.*
3. *No, no compro ningún libro.*
4. *No, no llevo ningún suéter.*
5. *No, no tomo ningún jugo.*

D. Repeat the sentence and insert the correct form of the adjective before the noun:

> EXAMPLE: Los alumnos leen un libro español. (bueno)
> Los alumnos leen un buen libro español.

1. No quiero gazpacho. (ninguno)
2. El capítulo se llama «Los verbos». (tercero)
3. ¿Quieres dinero? (alguno)
4. El Sr. Pérez es un abogado de Miami. (grande)
5. En su ejercicio la Sra. Alonso da cuatro verbos. (primero)

KEY

1. *No quiero ningún gazpacho.*
2. *El tercer capítulo se llama «Los verbos».*
3. *¿Quieres algún dinero?*
4. *El Sr. Pérez es un gran abogado de Miami.*
5. *En su primer ejercicio la Sra. Alonso da cuatro verbos.*

E. Repeat the sentence you hear, using an adverb with opposite meaning:

> EXAMPLES: Alicia come mucho.   Mirta come poco.
> Alicia no viene nunca.   Mirta viene siempre.

1. Alicia lee mal.
2. Alicia vive lejos.
3. Alicia escribe rápidamente.
4. Alicia estudia más.
5. Alicia trabaja poco.
6. Alicia llega tarde.
7. Alicia responde bien.
8. Alicia trabaja cerca.
9. Alicia pregunta menos.
10. Alicia come temprano.

KEY

1. *Mirta lee bien.*
2. *Mirta vive cerca.*
3. *Mirta escribe despacio.*
4. *Mirta estudia menos.*
5. *Mirta trabaja mucho.*
6. *Mirta llega temprano.*
7. *Mirta responde mal.*
8. *Mirta trabaja lejos.*
9. *Mirta pregunta más.*
10. *Mirta come tarde.*

F. Repeat the sentence with the Spanish equivalent of the adverb you hear:

EXAMPLE: Roberto no trabaja. (tomorrow)
Roberto no trabaja mañana.

1. Roberto no estudia. (now)
2. Roberto no lee. (enough)
3. Roberto no canta. (too much)
4. Roberto no viene. (later)
5. Roberto no va a la playa. (tomorrow)
6. Roberto no quiere salir. (soon)

KEY

1. *Roberto no estudia ahora.*
2. *Roberto no lee bastante.*
3. *Roberto no canta demasiado.*
4. *Roberto no viene después.*
5. *Roberto no va a la playa mañana.*
6. *Roberto no quiere salir pronto.*

Key to Actividades

A (Sample responses)

1. *Escribo una carta a un amigo.*
2. *Pongo la carta en un sobre.*
3. *Escribo la dirección de mi amigo en el sobre.*
4. *Pongo una estampilla en el sobre.*
5. *Echo la carta en un buzón.*

B

Key to Structures

2 . . . Ella es *simpática*.
Ella es *inteligente*.
Ella es *joven*.

Adjectives ending in **o** change the **o** to *a* in the feminine form.

3 . . . Ellos son *pequeños*.
Ellas son *pequeñas*.
Ellos / Ellas son *fuertes*.
Ellos / Ellas son *populares*.

Key to Actividad

C 1. *¿Es el director español también?*
2. *¿Son fáciles las matemáticas también?*
3. *¿Es su casa amarilla también?*
4. *¿Son tus gatos grandes y gordos también?*
5. *¿Es la madre de Raúl alta y rubia también?*
6. *¿Son tus hermanos feos también?*

Key to Structures

4 . . . What happened to the adjectives in the right column? *They dropped the final o* . . . . What is the gender of the nouns described by those adjectives? *masculine.* Are they singular or plural? *singular.*

5 . . . Were the adjectives shortened in the above sentences? *no.*

Key to Actividades

D 1. *malas*   4. *tercera*   7. *primera*   9. *ningún*
2. *algún*   5. *primeros*   8. *Algún*   10. *buen*
3. *mal / buen*   6. *tercer*

E 1. *No, María es una buena estudiante.*
2. *No, hoy hace mal tiempo.*
3. *No, su hijo es un buen chico.*
4. *No, ella saca malas notas en español.*
5. *No, leer es un buen hábito.*

Key to Structures

6 . . . Is the meaning of **grande** the same in each pair of examples? *no.* How do you express *great* before a singular noun (masculine or feminine)? *gran.* Before a plural noun (masculine or feminine)? *grandes.* Where is the adjective **grande(s)** meaning *large, big? After the noun.*

Key to Actividades

F (Sample responses)

1. *George Washington: un gran presidente.*
2. *Bette Davis: una gran actriz.*
3. *Nueva York: un gran estado.*
4. *España: un gran país.*
5. *Shakespeare: un gran autor.*

G
1. *Las personas que quieren pedir consejo.*
2. *Se llama «Consultorio Sentimental».*
3. *Es una muchacha de trece años.*
4. *Está enamorada por primera vez y es tímida.*
5. *Ella es seria, sincera, estudiosa y cuidadosa.*
6. *Él es amable, inteligente, simpático y alegre.*
7. *La chica debe llamar al chico por teléfono o escribir una nota.*
8. *Sí, estoy de acuerdo porque el chico puede ser tímido también.*

Key to Structures

8 . . . *atentamente*
ciegamente
locamente
popularmente
útilmente
hábilmente

Key to Actividades

H
1. *seriamente*
2. *naturalmente*
3. *inteligentemente*
4. *magníficamente*
5. *dulcemente*

I
1. perfectamente
2. seriamente
3. rápidamente
4. inteligentemente
5. cuidadosamente
6 fácilmente
7. realmente
8. locamente

J
1. No, mi hermanito come mucho.
2. No, yo voy a llegar temprano a la escuela.
3. No, mi hermana debe trabajar más.
4. No, mis abuelos viven lejos del teatro Colón.
5. No, yo debo salir más tarde.

K
1. mañana   hoy   3. después   4. pronto   5. ahora

1. buena
2. buen
3. bien
4. bien
5. buena
6. buenas
7. buen
8. bien

M
1. mala
2. mal
3. mal
4. mal
5. mala
6. malas
7. mal
8. mal

Preguntas personales (Sample responses)

1. Leo «El Diario» / «La Prensa».
2. Prefiero la sección de deportes.
3. No me gusta escribir cartas. No escribo ninguna.
4. No tengo ninguna colección de estampillas.
5. Mi novela favorita es . . .
6. No reciben mucho correo en mi casa.
7. Sí, nuestra escuela publica un periódico fantástico.
8. En mi opinión no es posible, porque los problemas son muy personales.

Información personal (Sample responses)

1. Yo aprendo español fácilmente.
2. Yo hablo muy bien.
3. Yo como rápidamente.
4. Yo contesto claramente.
5. Yo camino despacio.

Dialogo (Sample responses)

Marta, pareces muy triste. ¿Tienes algún problema?
Si, tengo un problema.
¿Hablas fácilmente con tus padres sobre tus problemas?
No, no puedo hablar con ellos.
¿Quieres hablar conmigo? Yo puedo ayudarte.
Sí, quiero hablar con Ud.
Tengo tiempo el viernes. ¿A qué hora puedes venir?
A las dos.
Hasta luego, entonces. No te preocupes.
Adiós y gracias. Hasta el viernes.

Composición (Sample response)

20 de abril de 19___

Querida Juana:

    Me llamo Carlos y tengo 15 años de edad. Soy un muchacho alto, moreno y atlético. Soy un buen alumno y saco buenas notas en todas mis clases. El problema que tengo es que todas las chicas de la escuela quieren salir conmigo. No tengo ni el tiempo ni el dinero de salir con todas. ¿Que voy a hacer?
    Ayúdeme, por favor.

Un cordial saludo de
Carlos

Repaso I (Lecciones 1–5)

Key to Actividades

A
1. *duerme*	4. *sonríen*	7. *cuesta*	9. *quiere*
2. *comen*	5. *piensa*	8. *juegan*	10. *comienza*
3. *sirve*	6. *prefieres*		

B Answer is the next-to-last man.

C

1.   C **U** B O
2. C A D E **N** A
3.   **T** O A L L A
4.   A N **I** L L O
5.   S O **B** R E
6.   B **U** Z Ó N
7.   **R** E L O J
8. L O C I **Ó** N
9. P I S C I **N** A

D   8 ADJECTIVES   16 ADVERBS

buena	serio	cerca	muy	mucho	hoy
grande	poco	casi	pronto	lejos	ya
ciego	ninguno	siempre	mal	tarde	más
tímido	dulce	menos	bien	poco	hábilmente

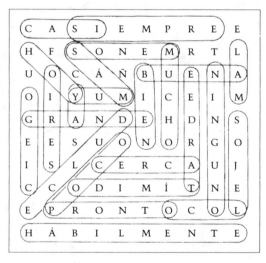

E

1. *mires*
2. *Venga*
3. *Ponga*
4. *compres / compra*
5. *Vayan*
6. *Ve / trae*
7. *vuelvan*
8. *Cierre*

F

C	O	R	R	E	O

C	A	R	T	A

P	E	R	I	Ó	D	I	C	O

A	N	U	N	C	I	O	S

Recibimos buenas *N O T I C I A S*.

G

E X H I B I C I Ó N
    1   2 3

C O N C I E R T O
  4   5 6

P E L Í C U L A
7   8 9

F I E S T A
10 11 12

P A R T I D O   D E   F Ú T B O L
  13   14   15 16

¡Vamos a   P A T I N A R   E N   E L   H I E L O !
7 12 13 10 4 9 6 11 3 5 8 1 2 14 16 15

H

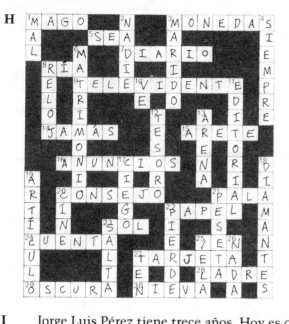

I   Jorge Luis Pérez tiene trece años. Hoy es *domingo* y está en la *playa* con sus *padres*. Su *madre* le pone *loción bronceadora* en todo el *cuerpo* porque hay mucho *sol*. A Jorge Luis le gustan la *arena*, el *mar* y las *palmeras*. Él quiere vivir en una *isla* tropical, tener un *barco de vela* y pasar los *días* en *traje de baño*. La Sra. Pérez se pone las *gafas de sol*, extiende su *toalla* sobre la arena al lado de una *sombrilla* y *toma el sol*.

El Sr. Pérez prepara la carne para la *barbacoa*. Mientras tanto, Jorge Luis *juega al frisbee* con sus *amigos*, *corre* por la *playa* con su *perro*, *nada* en el *mar*, busca *conchas* y *hace un castillo de arena* con su *cubo* y su *pala*. Un *domingo* perfecto.

Segunda Parte

Lección 6

Notes: The reflexive verbs that students learn in this lesson express common daily activities. Have students practice them in meaningful series: **Me despierto, me levanto, me baño, me visto,** and so on. Have students bring in pictures illustrating these activities and then describe them by using reflexive constructions in context.

Optional Oral Exercises

A. You do a number of things every day. Others do the same things. Complete the second sentence in each pair, using the subject you hear:

1. Yo me despierto a las seis. María _____.
2. Yo me levanto después. Mis hermanos _____.
3. Yo me baño muy temprano. Mi padre _____.
4. Yo me lavo la cara. Mi mamá _____.
5. Yo me cepillo los dientes. Pepe _____.
6. Yo me visto antes de salir. Mis padres _____.
7. Yo me peino con cuidado. Mi hermana _____.
8. Yo me cepillo el pelo. Juan y José _____.
9. Yo me afeito también. Mi abuelo _____.
10. Yo me desvisto en el dormitorio. Tú _____.
11. Yo me acuesto tarde. Nosotros _____.
12. Yo me duermo pronto. Uds. _____.

KEY

1. *María se despierta a las seis.*
2. *Mis hermanos se levantan.*
3. *Mi padre se baña muy temprano.*
4. *Mi mamá se lava la cara.*
5. *Pepe se cepilla los dientes.*
6. *Mis padres se visten antes de salir.*
7. *Mi hermana se peina con cuidado.*
8. *Juan y José se cepillan el pelo.*

9. *Mi abuelo se afeita también.*
10. *Tú te desvistes en el dormitorio.*
11. *Nosotros nos acostamos tarde.*
12. *Uds. se duermen pronto.*

B. Give the following familiar commands in Spanish to a member of your family:

1. Wake up.
2. Get up.
3. Wash yourself.
4. Brush your teeth.
5. Get dressed.
6. Comb your hair.
7. Shave.
8. Brush your hair.
9. Get undressed.
10. Go to bed.

KEY

1. *¡Despiértate!*
2. *¡Levántate!*
3. *¡Lávate!*
4. *¡Cepíllate los dientes!*
5. *¡Vístete!*
6. *¡Péinate!*
7. *¡Aféitate!*
8. *¡Cepíllate el pelo!*
9. *¡Desvístete!*
10. *¡Acuéstate!*

C. Now tell a member of your family in Spanish not to do the following:

1. Don't wake up.
2. Don't get up.
3. Don't wash yourself.
4. Don't brush your teeth.
5. Don't get dressed.
6. Don't comb your hair.
7. Don't shave.
8. Don't brush your hair.
9. Don't get undressed.
10. Don't go to bed.

KEY

1. *¡No te despiertes!*
2. *¡No te levantes!*
3. *¡No te laves!*
4. *¡No te cepilles los dientes!*
5. *¡No te vistas!*
6. *¡No te peines!*
7. *¡No te afeites!*
8. *¡No te cepilles!*
9. *¡No te desvistas!*
10. *¡No te acuestes!*

D. Change these informal commands to formal ones:

1. ¡Levántate!
2. ¡Lávate!
3. ¡Péinate!
4. ¡Desvístete!
5. ¡Acuéstate!
6. ¡Aféitate!

KEY

1. ¡Levántese!
2. ¡Lávese!
3. ¡Péinese!

4. ¡Desvístase!
5. ¡Acuéstese!
6. ¡Aféitese!

Key to Actividades

A
1. Ellas se visten.
2. Mi papá se afeita.
3. Tú te despiertas.
4. Uds. se cepillan los dientes.
5. Carlos se levanta.
6. Él se peina.
7. Nosotras nos acostamos.
8. Yo me lavo.

B
1. Se lava con agua fría.
2. La muchacha se mira en el espejo.
3. Mi madre se viste.
4. Ud. se despierta temprano.
5. José se pone el abrigo.

C
1. El ciclismo es una pasión.
2. El ganador recibe mucho dinero y regalos.
3. El periodista quiere saber cómo vive un campeón.
4. Le gusta entrenar cuando no hace mucho calor.
5. Se lava la cara y las manos, se afeita y se cepilla los dientes.
6. Toma un desayuno ligero.
7. Sí, se acuesta para descansar.
8. Todos los jóvenes tienen la misma oportunidad de hacerse campeones.
9. No hace nada de especial.
10. Necesito entrenar.

D
1. No, me despierto a las cinco de la mañana.
2. No, me lavo después de levantarme.
3. No, me visto después del desayuno.
4. Sí.
5. No, me baño después de entrenar.
6. No, me afeito después de levantarme.
7. No, me acuesto antes de las diez.
8. No, necesito mucho descanso.

E 1. *Me levanto.*
    2. *Me cepillo los dientes.*
    3. *Me afeito.*
    4. *Me lavo.*
    5. *Me peino.*
    6. *Me visto.*

F 1. *Me desvisto. / Me quito la ropa.*
    2. *Me cepillo el pelo.*
    3. *Me cepillo los dientes.*
    4. *Me baño.*
    5. *Me acuesto.*
    6. *Me duermo.*

Key to Structures

4 . . . In the sentence **Yo me lavo,** whom am I washing? *myself.* Is the action being performed on the subject or on someone else? *On the subject.* Do the subject (**yo**) and the reflexive pronoun (**me**) refer to the same person or to two different people? *The same person.* What do we mean by a reflexive verb? *A verb used to indicate that the subject and object of the verb refer to the same person or thing.* What is the position of the reflexive pronoun with respect to the subject? *After the subject.* With respect to the verb? *Before the verb.*

Key to Actividades

G 1. *Gerardo se levanta a las siete menos veinte y cinco de la mañana.*
    2. *Gerardo se lava a las siete menos diez de la mañana.*
    3. *Gerardo se viste a las siete y cinco de la mañana.*
    4. *Gerardo se peina a las siete y cuarto de la mañana.*
    5. *Gerardo se cepilla los dientes a las siete y media de la mañana.*

H 1. *me*   3. *se*   5. *se*   7. *se*
    2. *se*   4. *nos*   6. *te*   8. *nos*

I 1. *me acuesto*   5. *se duermen*   8. *se visten*
    2. *se baña*   6. *se pone*   9. *me quito*
    3. *te sientas*   7. *nos despertamos*   10. *se afeitan*
    4. *se peina*

J
1. *Me lavo la cara.*
2. *Me cepillo los dientes.*
3. *Me cepillo el pelo.*
4. *Me quito el pijama.*
5. *Me pongo los zapatos y los calcetines.*

K (Sample responses)

1. *Carlos no se acuesta a las doce de la noche.*
2. *Yo no me despierto a las seis de la mañana.*
3. *Mis padres no se desvisten a medianoche.*
4. *Mi hermano y yo no nos dormimos a las dos de la tarde.*
5. *Uds. no se levantan a las siete de la mañana.*
6. *Mi madre no se sienta a las cuatro de la tarde.*

Key to Structures

8 . . . In the affirmative (yes) command, the reflexive pronoun is *after* the verb . . . In a negative (no) command, the reflexive pronoun is *before* the verb; **no** is placed *before* the reflexive pronoun.

Key to Actividades

L
1. *¡Despiértate!*
2. *¡Báñate!*
3. *¡Cepíllate los dientes!*
4. *¡Diviértete!*
5. *¡Acuéstate!*
6. *¡Péinate!*

M
1. *No te despiertes.*
2. *No te bañes.*
3. *No te cepilles los dientes.*
4. *No te diviertas.*
5. *No te acuestes.*
6. *No te peines.*

N
1. *Despiértense temprano.*
2. *Quítense el abrigo.*
3. *Lávense las manos.*
4. *Siéntense ahora.*
5. *Diviértanse.*
6. *Péinense.*

O
1. *No se despierten temprano.*
2. *No se quiten el abrigo.*
3. *No se laven las manos.*
4. *No se sienten ahora.*
5. *No se diviertan.*
6. *No se peinen.*

P
1. *No se quite el sombrero.*
2. *Póngase el abrigo.*
3. *Levántese de la silla.*
4. *No se lave la cara.*
5. *No se siente.*
6. *Diviértase.*

Key to Structures

9 . . . Where is the reflexive pronoun placed? *After the verb and attached to it.*

Key to Actividades

Q 1. *lavarse* 　4. *dormirse* 　7. *levantarse* 　9. *Siéntese*
　　2. *sentarnos* 　5. *divertirnos* 　8. *Cepíllate* 　10. *ponerme*
　　3. *Acuéstese* 　6. *bañarme*

R 1. *Siempre me divierto los fines de semana.*
　　2. *Me acuesto temprano los domingos.*
　　3. *Cada mañana mi mamá dice: «¡Levántate ahora!»*
　　4. *Mi hermana nunca quiere despertarse para ir a la escuela.*
　　5. *Mi hermanito aprende a ponerse los zapatos.*
　　6. *En la escuela la profesora siempre dice: «¡Siéntense en silencio!»*
　　7. *Quiero vivir en un país donde no hace frío y no tengo que ponerme abrigo y sombrero.*

Preguntas personales (Sample responses)

　　1. *Sí, me divierto mucho en las vacaciones.*
　　2. *Sí, sé montar en bicicleta.*
　　3. *Los domingos me despierto a las diez de la mañana.*
　　4. *Me cepillo los dientes tres veces al día.*
　　5. *No, nunca veo carreras de bicicletas.*

Información personal (Sample responses)

　　1. *Me levanto a las seis y media.*
　　2. *Me lavo la cara, me visto y me peino.*
　　3. *Tomo el desayuno con mis padres.*
　　4. *Me cepillo los dientes después del desayuno.*
　　5. *Tomo mis libros y salgo para la escuela.*

Diálogo (Sample responses)

¿A qué hora se levanta Ud. por la mañana?
　Me levanto a las seis.
¿Qué hace Ud. por la mañana antes de salir de la casa?
　Me lavo, me visto y tomo el desayuno.

¿Qué hace Ud. para divertirse?
No tengo tiempo para divertirme.
¿A qué hora se sienta Ud. a comer?
Me siento a comer a las siete y media.
Diga unas palabras de consejo para los jóvenes.
Para hacerse campeón hay que trabajar y estudiar mucho.

Lección 7

Notes: People in general and young people in particular seem fascinated by "cops and robbers." If possible, bring to your class a Spanish newspaper article of a current "case" that has been reported in the media. Make a list of words and expressions taken from the article. Students might put on their own mock trial, complete with **el juez, el jurado, el acusado, los abogados.** At the end, they would, of course, reach a **veredicto** and find the **acusado culpable** or **no culpable.**

Optional Oral Exercises

A. Express the correct form of the preterite tense with the subject you hear:

1. robar: yo
2. correr: tú
3. descubrir: él
4. hacer: ellos
5. poder: nosotros
6. estar: Ud.
7. ir: Uds.
8. querer: Paco y María
9. tener: José y yo
10. venir: yo

KEY

1. *Yo robé.*
2. *Tú corriste.*
3. *El descubrió.*
4. *Ellos hicieron.*
5. *Nosotros pudimos.*
6. *Ud. estuvo.*
7. *Uds. fueron.*
8. *Paco y María quisieron.*
9. *José y yo tuvimos.*
10. *Yo vine.*

B. Repeat the following sentences, changing the verbs to the preterite tense:

1. Yo voy al cine.
2. Pablo come el pan.
3. Mi mamá escribe una carta.
4. Ellos salen de la casa.
5. Uds. dan un paseo.
6. María recibe un regalo.
7. Yo pierdo el dinero.
8. ¿Qué piensas tú?
9. ¿Cuándo viene Ud.?
10. No puedo oír.

KEY

1. *Yo fui al cine.*
2. *Pablo comió el pan.*
3. *Mi mamá escribió una carta.*
4. *Ellos salieron de la casa.*
5. *Uds. dieron un paseo.*
6. *María recibió un regalo.*
7. *Yo perdí el dinero.*
8. *¿Qué pensaste tú?*
9. *¿Cuándo vino Ud.?*
10. *No pude oír.*

C. Make the following sentences plural:

1. Yo fui a la estación.
2. Él corrió por la calle.
3. Tú no robaste nada.
4. Ella hizo el trabajo.
5. Ud. no quiso estudiar.

KEY

1. *Nosotros fuimos a la estación.*
2. *Ellos corrieron por la calle.*
3. *Uds. no robaron nada.*
4. *Ellas hicieron el trabajo.*
5. *Uds. no quisieron estudiar.*

D. Make the following sentences singular:

1. Nosotros no pudimos oír.
2. Uds. tuvieron que hablar.
3. Ellos no quisieron ir.
4. Ellas vinieron ayer.
5. Nosotras estuvimos ausentes.

KEY

1. *Yo no pude oír.*
2. *Ud. tuvo que hablar.*
3. *Él no quiso ir.*
4. *Ella vino ayer.*
5. *Yo estuve ausente.*

Key to Actividades

A (Sample responses)

1. Dos ladrones están robando un banco.
2. Los dos hombres llevan pistolas.
3. La cajera del banco le da el dinero a uno de los ladrones.
4. El otro ladrón apunta su pistola a dos víctimas.
5. Las víctimas — un hombre y una mujer — tienen las manos en el aire.

B (Sample responses)

1. Manuel Moreno, un ladrón.
2. Pascual Pérez, su cómplice.
3. Raúl Rodríguez, un policía.
4. Carlos Hernández, un detective.
5. María Meléndez, una víctima.
6. Gabriel Acosta, el abogado defensor.

C

1. Laura Moreno llamó al inspector Delgado.
2. Llegó a las dos y veinte de la tarde.
3. Vio la sombra de un hombre.
4. El hombre saltó por la ventana.
5. Se escapó en coche.
6. Encontró abierta la caja fuerte.
7. Examinó el estudio.
8. Vio las huellas de unos zapatos de hombre.
9. No, Laura no contó la verdad.
10. Laura misma robó las joyas.

D

1. entré
2. entraron / cerraron
3. comenzamos
4. escuchó / llamó
5. llegó
6. robaron
7. dio

E

1. dormí
2. comió
3. vieron
4. saliste
5. recibimos
6. dieron
7. corrió
8. escribieron

F (Sample responses)

1. *Sí. Salí a comer en un restaurante.*
2. *Comí una hamburguesa con papas fritas.*
3. *Sí. Vi una película estupenda.*
4. *No. No compré nada todavía.*
5. *Me desperté a las diez.*
6. *Claro. Nadé allí.*
7. *Sí. Di un paseo por el centro.*
8. *Sí, me divertí mucho.*
9. *Sí. Me gustaron sus padres.*
10. *Sí, invité a mi amigo a venir.*

G NOTE TO TEACHERS: Point out to students that **pedir** is conjugated in the preterite like **servir**.

1. *pedí*   2. *pidió*   3. *pidió*   4. *pediste*   5. *pidieron*

Key to Structures

7 . . .

estuv-	*estar*	quis-	*querer*
hic-	*hacer*	tuv-	*tener*
pud-	*poder*	vin-	*venir*
pus-	*poner*		

. . .

yo	pude	puse	quise	tuve	vine
tú	*pudiste*	*pusiste*	*quisiste*	*tuviste*	*viniste*
Ud.	*pudo*	*puso*	*quiso*	*tuvo*	*vino*
él/ella	*pudo*	*puso*	*quiso*	*tuvo*	*vino*
nosotros	*pudimos*	*pusimos*	*quisimos*	*tuvimos*	*vinimos*
Uds.	*pudieron*	*pusieron*	*quisieron*	*tuvieron*	*vinieron*
ellos/ellas	*pudieron*	*pusieron*	*quisieron*	*tuvieron*	*vinieron*

Key to Actividades

H
1. *quise*
2. *vinieron*
3. *se puso*
4. *estuviste*
5. *pudimos*
6. *tuvieron*
7. *hicieron*
8. *estuvo*
9. *pusiste*

I
1. *Yo no pude ver esa película.*
2. *Ellos hicieron todo el trabajo.*

3. *Mi mamá puso la comida en la mesa.*
4. *Los ladrones pudieron escaparse.*
5. *Nosotros tuvimos que ir a la escuela.*
6. *Tú no quisiste comer afuera.*
7. *María hizo un viaje a México.*
8. *Yo no tuve tiempo.*
9. *¿Dónde pusieron Uds. los periódicos?*
10. *Ud. vino por la mañana.*

J
1. *fuiste*	3. *fueron*	5. *fue*
2. *fui*	4. *fuimos*	6. *fueron*

K Ayer nuestro grupo *hizo* muchas cosas. Por la mañana nosotros *fuimos* al Museo del Prado y *vimos* varias exhibiciones. Jorge y Darío no *quisieron* ir con nosotros y ellos *fueron* de compras. Por la tarde yo *salí* a dar un paseo con María por el Parque del Retiro. Ella *se puso* zapatos nuevos y no *pudo* caminar mucho. Nosotros *tuvimos* que tomar un taxi para regresar al hotel. Por la noche un amigo español *vino* al hotel y nosotros dos *salimos* a comer afuera. En el restaurante mi amigo *pidió* una comida tipica española. El mesero *sirvió* muy despacio. Nosotros *estuvimos* en el restaurante hasta muy tarde y yo *me acosté* después de medianoche.

Key to Structures

9 . . .

yo	*leí*	*me caí*
tú	*leíste*	*te caíste*
Ud., él, ella	*leyó*	*se cayó*
nosotros	*leímos*	*nos caímos*
Uds., ellos, ellas	*leyeron*	*se cayeron*

Key to Actividades

L
1. *oí*	3. *oyó*	5. *oyeron*
2. *oíste*	4. *oyeron*	6. *oímos*

M
1. *trajiste*	3. *trajo*	5. *trajo*
2. *traje*	4. *trajimos*	6. *trajeron*

N (Sample responses)

1. *Sí, ayer leí el periódico.*
2. *El primer presidente de los Estados Unidos fue George Washington.*
3. *El domingo pasado estuve en casa de un amigo.*
4. *El fin de semana pasado hizo mucho frío.*
5. *María vino tarde a la clase hoy.*
6. *Mi familia oyó las noticias anoche.*
7. *Anoche tuve que hacer tareas para todas mis clases.*
8. *La profesora dijo que hay un examen mañana.*

Preguntas personales   (Sample responses)

1. *Fui a visitar a unos amigos.*
2. *Comí afuera en un restaurante.*
3. *Salí a las nueve y media.*
4. *Me acosté sobre las doce.*
5. *No. No pude trabajar.*

Diálogo   (Sample responses)

¿Dónde estuvo Ud. anoche?
Anoche estuve en una fiesta.
¿Con quién fue Ud. a la fiesta?
Fui a la fiesta con varios amigos.
¿Qué hicieron Uds. después de la fiesta?
Después de la fiesta dimos un paseo por el barrio.
¿A qué hora regresó Ud. a casa?
Regresé a casa a la una de la mañana.
¿Vio Ud. a alguien en la calle?
Yo no vi a nadie en la calle.

Información personal   (Sample responses)

1. *Compré unas cosas en la tienda.*
2. *Fui a visitar a mis abuelos.*
3. *Vi una película en el cine.*
4. *Gasté 5 pesos en la lotería.*
5. *Jugué al béisbol con mis compañeros.*

Composición   (Sample responses)

1. *Vi un robo.*
2. *Tuvo lugar en una tienda del centro.*
3. *Entraron en la tienda y robaron el dinero.*
4. *No pude ver bien las caras.*
5. *Salieron rápidamente y se fueron.*

Lección 8

Notes: The vocabulary in this lesson deals with different types of leisure activities usually engaged in on vacations. Have students name their favorite pastimes and compare them with those of their classmates. In this way, students can discuss what they do during their vacations and find out what others do on theirs.

Optional Oral Exercises

A. Express the correct form of the imperfect with the subject you hear:

1. jugar: yo
2. visitar: tú
3. comer: él
4. saber: nosotros
5. salir: Ud.

6. servir: Uds.
7. dormir: yo
8. ser: tú
9. ir: ellos
10. ver: Manuel

KEY

1. *yo jugaba*
2. *tú visitabas*
3. *él comía*
4. *nosotros sabíamos*
5. *Ud. salía*

6. *Uds. servían*
7. *yo dormía*
8. *tú eras*
9. *ellos iban*
10. *Manuel veía*

B. Change the following sentences from the present to the imperfect:

1. Yo como en el restaurante.
2. Ud. se ríe mucho.
3. Mi mamá vive en Los Angeles.
4. Nosotros leemos el libro.
5. Ellos hacen el trabajo.

6. Uds. no saben nada.
7. Yo paso las vacaciones en el campo.
8. Ellos se despiertan temprano.
9. Él nada en el lago.
10. Yo soy policía.

KEY

1. *Yo comía en el restaurante.*
2. *Ud. se reía mucho.*
3. *Mi mamá vivía en Los Angeles.*
4. *Nosotros leíamos el libro.*
5. *Ellos hacían el trabajo.*
6. *Uds. no sabían nada.*
7. *Yo pasaba las vacaciones en el campo.*
8. *Ellos se despertaban temprano.*
9. *Él nadaba en el lago.*
10. *Yo era policía.*

C. Ask your friend if he or she used to do the following activities:

EXAMPLE: take a cruise every summer
       ¿Hacías un crucero todos los veranos?

1. hike in the woods every Sunday
2. rest in the country every summer
3. ski every winter
4. play tennis every Saturday
5. row on the lake every Sunday
6. fish in the river every morning
7. take photos every Friday
8. go horseback riding every night
9. play golf every day
10. go to the movies every afternoon

KEY

1. *¿Dabas una caminata por el bosque todos los domingos?*
2. *¿Descansabas en el campo todos los veranos?*
3. *¿Esquiabas todos los inviernos?*
4. *¿Jugabas al tenis todos los sábados?*

5. ¿Remabas en el lago todos los domingos?
6. ¿Pescabas en el río todas las mañanas?
7. ¿Sacabas fotos todos los viernes?
8. ¿Montabas a caballo todas las noches?
9. ¿Jugabas al golf todos los días?
10. ¿Ibas al cine todas las tardes?

D. Directed dialog. Student #1 asks the question, student #2 responds, class responds in unison.

Pregúntele a un alumno / una alumna (unos alumnos / unas alumnas) si él / ella (ellos / ellas)

1. sabía(n) esquiar cuando era(n) niño(a)(s).
2. iba(n) a la escuela en bicicleta.
3. era(n) mal(a)(os)(as) estudiante(s) en matemática.
4. veía(n) a sus amigos cada día.
5. vivía(n) en un apartamento.

KEY

STUDENT #1	STUDENT #2
1. ¿*Sabías tú esquiar cuando eras niño(a)?* ¿*Sabía(n) Ud(s). esquiar cuando era(n) niño(a)(s)?*	*Sí, yo sabía / nosotros sabíamos esquiar cuando era / éramos niño(a)(s).*
2. ¿*Ibas tú a la escuela en bicicleta?* ¿*Iba(n) Ud(s). a la escuela en bicicleta?*	*Sí, yo iba / nosotros íbamos a la escuela en bicicleta.*
3. ¿*Eras tú mal(a) estudiante en matemática?* ¿*Era(n) Ud(s). mal(a)(os)(as) estudiante(s) en matemática?*	*Sí, yo era / nosotros éramos mal(a)(os)(as) estudiante(s) en matemática.*
4. ¿*Veías tú a tus amigos cada día?* ¿*Veía(n) Ud(s). a sus amigos cada día?*	*Sí, yo veía / nosotros veíamos a mis / nuestros amigos cada día.*

5. ¿Vivías tú en un
     apartamento?
   ¿Vivía(n) Ud(s). en un   } Sí, yo vivía / nosotros vivíamos en
     apartamento?   un apartamento.

NOTE: The procedure for the directed dialog may be extended to (a) neg-
       ative and (b) third-person singular and plural forms.

         EXAMPLES: (a) ¿Sabías tú esquiar?—No, yo no sabía esquiar.
                    (b) Pregúntele si María (y Pablo) sabía(n) esquiar?

                    Student #1:   ¿Sabía(n) María (y Pablo) esquiar?
                    Student #2:   Sí, ella sabía (ellos sabían) esquiar.
                    Class in unison: No, ella no sabía (ellos no sabían)
                                      esquiar.

Key to Actividades

A (Sample responses)

Dos hombres juegan al golf.
Dos muchachos juegan al tenis.
Una chica saca fotos.
Un hombre pesca en el lago.
Tres muchachos dan una caminata por la montaña.
Dos personas reman en el lago.

B 1. *jugar al golf*
       2. *pescar*
       3. *sacar fotos*
       4. *dar una caminata por la montaña*
       5. *jugar al tenis*
       6. *remar*
       7. *esquiar*

C 1. *Él está en el consultorio de un psiquiatra.*
       2. *Toma nota en su libreta.*
       3. *Casi no tenía amigos.*
       4. *Salía con su madre.*
       5. *Iba a pasar las vacaciones al campo.*
       6. *Su mujer no le da permiso.*
       7. *Él no tiene confianza en sí mismo.*

8. *Va a idear un programa para convertir al paciente en un hombre independiente.*
9. *La mujer del psiquiatra llama por teléfono.*
10. *El psiquiatra también es un hombre débil.*

D
1. *jugaba*	5. *compraban*	8. *hablaba*
2. *trabajaba*	6. *me despertaba*	9. *tomabas*
3. *visitábamos*	7. *mirábamos*	10. *nevaba*
4. *pasaban*		

Key to Structures

4 . . . Are the endings different? *no.* Can you give the endings to form the imperfect of **-ER** and **-IR** verbs?

yo	*-ía*
tú	*-ías*
Ud., él, ella	*-ía*
nosotros	*-íamos*
Uds., ellos, ellas	*-ían*

Key to Actividades

E
1. *El año pasado un alumno también abría las ventanas.*
2. *El año pasado yo también quería hablar en español.*
3. *El año pasado los alumnos también sabían contestar bien.*
4. *El año pasado nosotros también teníamos muchas tareas.*
5. *El año pasado tú también leías y escribías en español.*
6. *El año pasado el director también venía a nuestra clase.*
8. *El año pasado yo también entendía la lección.*
9. *El año pasado Ud. también creía lo que decía la maestra.*
10. *El año pasado los alumnos también conocían a todos los profesores.*

F (Sample responses)

1. *Hace dos años yo trabajaba en una tienda.*
2. *Hace dos años yo vivía en Chicago.*
3. *Hace dos años yo pasaba los domingos en la playa.*
4. *Hace dos años dormía mucho.*
5. *Hace dos años yo leía muchas novelas policíacas.*

G 1. *eras*   3. *era*   5. *éramos*   7. *eran*

     2. *era*   4. *era*   6. *eran*

H (Sample responses)

1. *Cuando yo era niño, mis padres iban al trabajo.*
2. *Cuando yo era niño, yo iba a una escuela cerca de mi casa.*
3. *Cuando yo era niño, mi abuelo iba a España todos los años.*
4. *Cuando yo era niño, Ud. iba a pescar al mar.*
5. *Cuando yo era niño, tú ibas al cine conmigo.*
6. *Cuando yo era niño, Uds. iban al campo todos los veranos.*

I 1. *¿Dónde vivías?*
2. *¿Adónde iban tú y tus padres en las vacaciones?*
3. *¿Tenías muchos amigos?*
4. *¿Cuándo veías a tus abuelos?*
5. *¿Cómo ibas a la escuela?*
6. *¿Qué hacías los fines de semana?*

Preguntas personales (Samples responses)

1. *Sí, yo sabía nadar.*
2. *Yo vivía en Los Angeles.*
3. *Iba a la escuela elemental.*
4. *Claro, yo era muy buen alumno.*
5. *Mi mejor amigo era Ángel.*

Información personal (Sample responses)

1. *¿De niño dónde vivías?*
2. *¿Qué hacías los fines de semana?*
3. *¿Tenías muchos amigos?*
4. *¿A qué deporte jugabas?*
5. *¿Qué querías hacerte?*

Composición (Sample responses)

1. *Iba a la playa.*
2. *Iba en coche.*
3. *Hacía mucho calor.*
4. *Nadaba en el mar.*
5. *Me gustaba porque había mucho que hacer.*

Diálogo (Sample responses)

¿Qué clase de trabajo tenía Ud. cuando era joven?
Yo trabajaba en una biblioteca.
¿Cuantos hermanos tenía Ud.?
Tenía dos hermanos.
¿Le gustaba a Ud. estar solo en casa?
No, quería estar con otra gente.
¿Qué hacía por las noches?
Miraba la televisión.
Tiene que venir a otra sesión la semana próxima.
Está bien. Me siento un poco mejor.

Lección 9

Notes: Review numbers and expressions of time to the point of perfect control. Use the calendar extensively for this purpose. Students should be able to express dates and points in time (**pasado mañana, anteayer**, and so on) to show relationships of one date to another.

In this context, dates that have some significance to students (**el 4 de julio, el 25 de diciembre, 1492,** and the like) are especially appropriate.

Optional Oral Exercises

A. Express the following units of time according to the units indicated:

EXAMPLE: un minuto (segundos)
Hay sesenta segundos en un minuto.

1. una hora (minutos)
2. una semana (días)
3. un día (horas)
4. un mes (semanas)
5. un mes (días)
6. un año (meses)
7. un año (semanas)
8. un año (días)
9. un siglo (años)
10. dos minutos (segundos)

1. *Hay sesenta minutos en una hora.*
2. *Hay siete días en una semana.*
3. *Hay veinte y cuatro horas en un día.*
4. *Hay cuatro semanas en un mes.*
5. *Hay treinta o treinta y un días en un mes.*
6. *Hay doce meses en un año.*
7. *Hay cincuenta y dos semanas en un año.*
8. *Hay trescientos sesenta y cinco días en un año.*
9. *Hay cien años en un siglo.*
10. *Hay ciento veinte segundos en dos minutos.*

B. Repeat the following sentences in the imperfect:

EXAMPLE: Yo comí a las ocho.
Yo comía a las ocho.

1. Yo fui al cine.
2. Pablo salió de la casa.
3. Ellos leyeron las revistas.
4. Tú trabajaste mucho.
5. El cartero vino a casa.
6. Ustedes viajaron a España.
7. Yo me lavé la cara.
8. Nosotros llamamos a Joaquín.
9. Alberto y Ramón abrieron la puerta.
10. Ella hizo la tarea.

KEY

1. *Yo iba al cine.*
2. *Pablo salía de la casa.*
3. *Ellos leían las revistas.*
4. *Tú trabajabas mucho.*
5. *El cartero venía a casa.*
6. *Ustedes viajaban a España.*
7. *Yo me lavaba la cara.*
8. *Nosotros llamábamos a Joaquín.*
9. *Alberto y Ramón abrían la puerta.*
10. *Ella hacía la tarea.*

C. Repeat the following sentences in the preterite:

EXAMPLE: Ana iba a la playa.
Ana fue a la playa.

1. Manuel llegaba a tiempo.
2. Yo recibía muchas cartas.
3. Fernando y Clara tocaban a la puerta.
4. Nosotros corríamos por el parque.
5. Usted hacía ejercicios.
6. Ustedes iban al campo.
7. Yo no ponía la comida en la mesa.
8. Graciela visitaba a sus padres.
9. Tú nadabas en el mar.
10. Las muchachas se levantaban.

KEY

1. *Manuel llegó a tiempo.*
2. *Yo recibí muchas cartas.*
3. *Fernando y Clara tocaron a la puerta.*
4. *Nosotros corrimos por el parque.*
5. *Usted hizo ejercicios.*
6. *Ustedes fueron al campo.*
7. *Yo no puse la comida en la mesa.*
8. *Graciela visitó a sus padres.*
9. *Tú nadaste en el mar.*
10. *Las muchachas se levantaron.*

D. Change these sentences to the preterite. Begin with the adverb you hear:

EXAMPLE: Todos los días Elena venía a la escuela. (Ayer)
Ayer Elena vino a la escuela.

1. Generalmente yo iba a la escuela en auto. (Ayer)
2. Todos los lunes Isabel visitaba a su abuela. (El martes pasado)
3. A menudo Gerardo tomaba jugo de naranja. (Hace una hora)
4. Siempre Pepe y Carmela llegaban temprano al restaurante. (Esta mañana)
5. Todos los jueves tú comías pescado frito. (El lunes pasado)

6. Todos los veranos Gonzalo y Manolo iban a la playa. (El mes pasado)
7. Todas las tardes nosotros tomábamos té a las cinco. (El martes pasado)
8. Todos los meses ustedes viajaban en avión. (Anteayer)
9. A menudo los niños jugaban con un balón rojo. (Hace una hora)
10. Todas las tardes Marta esperaba el autobús en la estación. (Ayer por la tarde)

KEY

1. *Ayer yo fui a la escuela en auto.*
2. *El martes pasado Isabel visitó a su abuela.*
3. *Hace una hora Gerardo tomó jugo de naranja.*
4. *Esta mañana Pepe y Carmela llegaron temprano al restaurante.*
5. *El lunes pasado tú comiste pescado frito.*
6. *El mes pasado Gonzalo y Manolo fueron a la playa.*
7. *El martes pasado nosotros tomamos té a las cinco.*
8. *Anteayer ustedes viajaron en avión.*
9. *Hace una hora los niños jugaron con un balón rojo.*
10. *Ayer por la tarde Marta esperó el autobús en la estación.*

Key to Actividades

A
1. *ayer*
2. *anteayer*
3. *mañana*
4. *pasado mañana*
5. *de hoy en ocho días*
6. *de hoy en quince días*

B
1. *d*
2. *a*
3. *k*
4. *c*
5. *h*
6. *i*
7. *j*
8. *b*
9. *e*
10. *g*

C (Sample responses)

1. *Es doña Matilda, una vieja gitana.*
2. *Puede ver el pasado y adivinar el futuro.*
3. *Josefina no cree en esas cosas.*
4. *Tiene una bola de cristal.*
5. *No conocía el pasado de Rosana.*
6. *Sí, conocía el pasado de Josefina.*

7. *Rosana cree que la adivina dice cosas ridículas.*
8. *Josefina cree que la adivina es una maravilla.*
9. *Dice que la hermana de Josefina la visitó la semana pasada.*
10. *¡Absolutamente no! Una persona inteligente no puede creer en eso.*

Key to Structures

3 . . . What time expressions are used in the clauses on the left? *generalmente, siempre, todos los sábados.* What do they tell us about the actions described? *They used to happen or happened repeatedly.*

. . . What time expressions are used in the clauses on the right? *un domingo, un día, el sábado pasado.*

Key to Actividades

D 1. *Iban* 4. *salió* 7. *corría* 9. *llegábamos*
      2. *hizo* 5. *tomabas* 8. *visitaba* 10. *llegamos*
      3. *Paró* 6. *tomaste*

E 1. *Yo iba todos los sábados al cine.*
      2. *Nosotros estuvimos una semana en Nueva York.*
      3. *Yo salía a dar un paseo todas las noches.*
      4. *Juan leyó dos novelas el verano pasado.*
      5. *Nosotros nadábamos a menudo en la piscina.*
      6. *Mis padres viajaron a Europa hace un año.*
      7. *Uds. iban a la playa todos los veranos.*
      8. *Tú hermana trabajaba por lo general hasta tarde.*
      9. *Mi tío vino de España hace cinco años.*
      10. *Tú llegabas siempre tarde a la escuela.*

Key to Structures

4 . . . How many actions are described in each sentence? *two.* How many verb tenses are used in each sentence? *two.* Which tenses are they? *the imperfect and the preterite.* Which word combines the two clauses describing the two actions? *cuando.*

. . . Which one would represent the imperfect? *the video camera;* the preterite? *the instant camera.*

Key to Actividades

F
1. *llegaste*
2. *jugó*
3. *me levantaba*
4. *leía / llamó*
5. *fueron*
6. *vi / llevaba*
7. *hacían*
8. *recibías*
9. *me lavaba / tocó*
10. *nació / vivíamos*

G (Sample responses)

1. Yo estaba en el jardín cuando tú entraste.
2. Jugaba con Pepe.
3. Jugábamos al fútbol.
4. Fui a buscar la pelota.
5. Ella miraba por la ventana.
6. Mamá estaba en la cocina.

Key to Structures

5 . . . Which tense did the narrator use? *the imperfect.*

. . . Which tense is used to describe the narrator's actions? *the preterite.*

Key to Actividades

H era, vivía, trabajaba, llegaba, salíamos, preparaba, sentaba, iba

I
1. Era agosto y yo estaba en la ciudad de México.
2. Yo estaba en un hotel en el centro.
3. Un día me desperté temprano porque iba a una excursión.
4. Quería estar listo a tiempo.
5. Abrí la ventana y vi que el sol brillaba.
6. Íbamos en un autobús viejo y me vestí cómodamente.
7. El chofer del autobús era un hombre joven y hablaba bien el inglés.
8. Durante el viaje, él contó cuentos sobre los indios.
9. Íbamos a ver las pirámides.
10. Las pirámides eran muy bonitas y me divertí mucho.

J Esta mañana *llovía* cuando yo *salí* de casa. Yo *venía* rápidamente cuando yo *oí* a un señor que *gritaba* en la calle. *Era* un hombre que *corría* detrás de un perro muy grande. Al parecer el hombre *encontró* a un amigo en la calle y el perro *se escapó* cuando los dos amigos *hablaban*.

K 1. ¿Conoce Ud. a María?
   2. Sí, conocí a María ayer en una fiesta.
   3. ¿Sabe Ud. dónde vive ella?
   4. Sí, supe que vive cerca de mi casa.
   5. ¿Conoció Ud. también a su hermana Rosa?
   6. Sí, conocí a Rosa. ¿Sabía Ud que ellas son cubanas?

L 1. Yo jugaba al fútbol cuando tenía catorce años.
   2. Cuando era pequeño, vivía en una ciudad grande.
   3. El verano pasado fui a la playa.
   4. Me levantaba temprano y nadaba mucho.
   5. Escribía tarjetas postales a todos mis amigos.
   6. La última semana de mis vacaciones no escribí ninguna tarjeta postal.
   7. Me gustaban las películas de horror.
   8. Un día mi hermana gritó cuando yo veía una película de horror.
   9. Mi mamá dijo que no podía ver más películas de horror.

Diálogo   (Sample responses)

Cuando Ud. tenía cinco años, Ud. tuvo una mala experiencia.
   Sí, tiene razón. Mi mamá me dejó en una tienda.
La bola indica que Ud. no decía siempre la verdad.
   Yo decía mentiras de vez en cuando.
Ud. era muy tímido.
   Sí, tenía miedo de salir de mi casa.
Cuando Ud. era pequeño, a Ud. no le gustaban las legumbres.
   Hoy día no me gustan tampoco.
En su último examen de matemáticas sacó una mala nota.
   No tiene razón. Yo soy muy bueno en matemáticas.

Preguntas personales   (Sample responses)

   1. Cuando me desperté, hacía buen tiempo.
   2. Anoche, cuando cenábamos, no llamé a nadie.
   3. Cuando llegué de la escuela, mi mamá estaba en la cocina.
   4. Cuando yo nací, mi padre tenía 40 años.
   5. Hace dos años mi mejor amigo era Carlos.

Información personal (Sample responses)

> *Yo nací el cuatro de julio, el Día de la Independencia de los Estados Unidos. Por eso mis padre me llamaron Jorge, en honor de George Washington, nuestro primer presidente. Durante toda mi vida yo siempre decía la verdad. Un día rompí un plato. Inmediatamente dije: «No puedo mentir. Fui yo».*

Lección 10

Notes: Sports lend themselves to a variety of language activities. For example, newspaper and magazine pictures of sports activities can be identified by students in the classroom.

Students might act out charades to be described by other members of the class: hitting an imaginary ball with a make-believe bat (**Él batea la pelota de béisbol.**); running to catch a forward pass; lifting weights (**Nosotros levantamos pesas.**); and so on.

Students might also bring equipment to class (baseball cap, golf ball, and the like) for others to identify and tell in which sport it is used.

Optional Oral Exercises

A. Express each noun with the proper demonstrative adjective meaning "this" or "these":

1. camisas	5. cinturones	8. banderas
2. caballo	6. estudiante	9. vaca
3. árbol	7. cestas	10. rodilla
4. zapatos		

KEY

1. *estas camisas*	6. *este / esta estudiante*
2. *este caballo*	7. *estas cestas*
3. *este árbol*	8. *estas banderas*
4. *estos zapatos*	9. *esta vaca*
5. *estos cinturones*	10. *esta rodilla*

B. Express each noun with the proper demonstrative adjective meaning "that" or "those":

1. monje	5. guantes	8. legumbres
2. países	6. raqueta	9. loción
3. casa	7. bate	10. pollos
4. medias		

KEY

1. *ese monje*	5. *esos guantes*	8. *esas legumbres*
2. *esos países*	6. *esa raqueta*	9. *esa loción*
3. *esa casa*	7. *ese bate*	10. *esos pollos*
4. *esas medias*		

C. Repeat the following sentences expressing "that over there" instead of "this":

EXAMPLE: Lee este libro.   Lee aquel libro.

1. ¿Quieres esta raqueta?
2. ¿Cuánto cuestan estos esquíes?
3. Compra este disco.
4. Me gustan estas gafas de sol.
5. Quiero comprar esta bicicleta.
6. Luisa conoce a estos estudiantes.
7. Me gustan estos relojes de pulsera.

KEY

1. *¿Quieres aquella raqueta?*
2. *¿Cuánto cuestan aquellos esquíes?*
3. *Compra aquel disco.*
4. *Me gustan aquellas gafas de sol.*
5. *Quiero comprar aquella bicicleta.*
6. *Luisa conoce a aquellos estudiantes.*
7. *Me gustan aquellos relojes de pulsera.*

D. Complete each phrase with the Spanish equivalent of the English cue you hear:

EXAMPLE: (that one)   esta silla y _____
        esta silla y ésa

1. (these) esas frutas y ____
2. (that one over there) ese avión y ____
3. (this one) esa gallina y ____
4. (those over there) estos gatos y ____
5. (this one) aquella casa y ____
6. (those) estos trajes y ____
7. (that one) aquel reloj de pulsera y ____
8. (these) esos guantes y ____
9. (those) estas bicicletas y ____
10. (that one) este jugo y ____

KEY

1. *esas frutas y éstas*
2. *ese avión y aquél*
3. *esa gallina y ésta*
4. *estos gatos y aquéllos*
5. *aquella casa y ésta*
6. *estos trajes y ésos*
7. *aquel reloj de pulsera y ése*
8. *esos guantes y éstos*
9. *estas bicicletas y ésas*
10. *este jugo y ése*

Key to Actividades

A
1. *el bate, la pelota y el guante de béisbol.*
2. *el balón y la cesta.*
3. *esquíes.*
4. *el balón de fútbol y cascos.*
5. *trajes de baño.*
6. *las raquetas.*
7. *el balón de volibol.*
8. *guantes de boxeo.*

B
1. *el ciclismo*
2. *el fútbol*
3. *la lucha libre*
4. *el boxeo*
5. *la natación*
6. *el béisbol*

C
1. *Puede romper una tabla de madera o hacer pedazos un ladrillo.*
2. *Quiere decir «mano vacía».*

3. *Se usan las manos, los pies, los codos y las rodillas.*
4. *Unos monjes budistas utilizaron originalmente un método parecido.*
5. *Es un arte marcial y un deporte de competición.*
6. *Cada grado tiene un cinturón de un color diferente.*
7. *Tienen reglas estrictas para evitar la violencia.*
8. *Sí, estoy de acuerdo con las reglas porque son buenas para todo el mundo.*

Key to Structures

3 . . .How many possibilities are there in Spanish to point out things? *three.*

4 . . . *este* traje   *estos* guantes
        esta camisa   *estas* medias

5 . . . *ese* caballo   *esos* gatos
        esa vaca   *esas* gallinas

6 . . . *aquel* disco   *aquellos* cuadros
        aquella ventana   *aquellas* puertas

Key to Actividades

D 1. *¿Cuánto cuesta este guante de béisbol?*
2. *¿Cuánto cuesta este bate?*
3. *¿Cuánto cuestan estos balones de fútbol?*
4. *¿Cuánto cuesta esta raqueta de tenis?*
5. *¿Cuánto cuestan estas cestas?*
6. *¿Cuánto cuestan estos cascos?*
7. *¿Cuánto cuesta esta pelota?*
8. *¿Cuánto cuestan estas bicicletas?*

E 1. *Me gusta ese abrigo.*
2. *Me gusta esa sortija de rubíes.*
3. *Me gustan esas gafas de sol.*
4. *Me gustan esos zapatos.*
5. *Me gusta ese reloj de pulsera.*
6. *Me gustan esas lociones.*
7. *Me gustan esos trajes de baño.*
8. *Me gusta esa cadena de oro.*

F
1. *¡Mira aquel traje largo!*
2. *¡Mira a aquellos músicos!*
3. *¡Mira a aquella muchacha bonita!*
4. *¡Mira aquellas banderas!*
5. *¡Mira aquella banda!*
6. *¡Mira a aquellos policías!*
7. *¡Mira aquel coche!*
8. *¡Mira aquellas flores!*

G
1. *Voy a comprar este helado.*
2. *Voy a comprar aquellas sodas.*
3. *Voy a comprar ese pollo.*
4. *Voy a comprar esta carne.*
5. *Voy a comprar esas manzanas.*
6. *Voy a comprar aquellos huevos.*
7. *Voy a comprar esa crema.*
8. *Voy a comprar estas legumbres.*
9. *Voy a comprar aquel jugo.*

H
1. *c*	3. *a*	5. *b*	7. *b*
2. *b*	4. *c*	6. *c*	8. *b*

I
1. *este / ése*
2. *esos / aquéllos*
3. *estas*
4. *esa / ésta*
5. *aquel*
6. *este / ése*
7. *esta / aquélla*
8. *aquellos*
9. *esos / éstos*
10. *ese / aquél*

Preguntas personales (Sample responses)

1. *Practico el béisbol.*
2. *Hay equipos de fútbol, béisbol y natación.*
3. *Conozco el judo.*
4. *Voy a los partidos todos los sábados.*
5. *Me gustan los Gigantes.*

Diálogo (Sample responses)

¿En qué deporte quiere participar Ud.?
   Quiero jugar al básquetbol.

¿Qué experiencia tiene?
Jugaba en un equipo de niños.
¿Qué otros deportes le gustan?
Me gustan el fútbol y el tenis.
¿Cuánto tiempo tiene libre para entrenar?
Puedo practicar todas las tardes.
¿Cómo son sus notas en la escuela?
Saqué buenas notas en todos mis cursos.

Información personal   (Sample responses)

1. *A mí me gusta mucho el béisbol.*
2. *Ese deporte es muy emocionante.*
3. *Yo creo que soy un buen jugador.*
4. *El año pasado yo tenía las posición de receptor.*
5. *Quiero hacerme miembro del equipo.*

Composición   (Sample responses)

El juego de béisbol es muy interesante. Hay nueve miembros en cada equipo. Cada equipo tiene un lanzador. El lanzador tira la pelota. Un miembro del otro equipo tiene que golpear la pelota con un bate. Si el primer equipo no puede atrapar la pelota, el bateador llega a la primera, segunda o tercera base. Si cruza todas las bases, anota un punto.

Repaso II (Lecciones 6–10)

Key to Actividades

A   1. *Ayer Pepito se despertó a las seis.*
2. *Se levantó de la cama inmediatamente*
3. *y entró al baño a bañarse.*
4. *Salió del baño y se vistió.*
5. *Después de vestirse se puso los zapatos y fue a desayunar.*
6. *Después del desayuno se lavó las manos,*
7. *se cepilló los dientes*
8. *y se peinó.*
9. *Dijo «Adiós» a su mamá y salió de la casa.*

B

A	B	U	K	A	R	A	T	E	Í
L	E	T	A	B	U	E	N	U	L
O	Ñ	L	N	É	F	R	Q	O	U
B	A	O	A	I	V	S	L	O	C
T	T	B	T	S	E	L	O	M	H
E	E	T	A	B	S	B	B	S	A
U	U	Ú	C	O	A	P	I	I	L
Q	Q	F	I	L	S	N	L	L	I
S	A	L	Ó	B	E	B	O	C	B
Á	R	N	N	T	P	L	V	I	R
B	O	X	E	O	C	S	A	C	E

C
1. *Rosa sacaba fotos.*
2. *Juanita y Julia jugaban al tenis.*
3. *El Sr. Gómez pescaba (en el río).*
4. *Tú hacías un crucero.*
5. *Uds. remaban en el lago,*
6. *Jorge jugaba al golf.*
7. *Nosotros dábamos una caminata.*
8. *Yo esquiaba.*

D

1. $\underset{23\ 24}{T\ U}$ $\underset{7\ 1\ 15\ 10\ 13\ 10\ 1}{F\ A\ M\ I\ L\ I\ A}$ $\underset{14\ 6\ 8}{LL\ E\ G\ Ó}$ $\underset{18}{A}$ $\underset{1}{E}$ $\underset{6\ 22\ 23\ 6}{S\ T\ E}$

   $\underset{19\ 1\ 10\ 22}{P\ A\ Í\ S}$ $\underset{9\ 1\ 3\ 6}{H\ A\ C\ E}$ $\underset{}{u\ n}$ $\underset{}{s\ i\ g\ l\ o}$.

2. $\underset{6\ 13}{E\ L}$ $\underset{25\ 6\ 21\ 1\ 16\ 18}{V\ E\ R\ A\ N\ O}$ $\underset{}{p\ a\ s\ a\ d\ o}$ $\underset{7\ 24\ 10\ 22\ 23\ 6}{F\ U\ I\ S\ T\ E}$

   $\underset{1\ 13}{A\ L}$ $\underset{3\ 1\ 15\ 19\ 18}{C\ A\ M\ P\ O}$.

3. <u>E l</u> <u>a ñ o</u> <u>p r ó x i m o</u> <u>V A S</u> <u>A</u>
  25 1 22 1

<u>H A C E R</u> <u>U N</u> <u>C R U C E R O</u>.
9 1 3 6 21 24 16 3 21 24 3 6 21 18

4. <u>A n t e a y e r</u> <u>T U V I S T E</u> <u>U N</u>
23 24 25 10 22 23 6 24 16

<u>E X A M E N</u> <u>D I F Í C I L</u>.
6 27 1 15 6 16 5 10 7 10 3 10 13

5. <u>P a s a d o</u> <u>m a ñ a n a</u> <u>V A S</u> <u>A</u>
25 1 22 1

<u>S A B E R</u> <u>Q U E</u> <u>N O T A</u> <u>S A C A S T E</u>.
22 1 2 6 21 20 24 6 16 18 23 1 22 1 3 1 22 23 6

6. <u>D E</u> <u>H O Y</u> <u>e n</u> <u>q u i n c e</u> <u>d í a s</u> <u>V A</u>
5 6 9 18 28 25 1

<u>A</u> <u>C A M B I A R</u> <u>T U</u> <u>V I D A</u>.
1 3 1 15 2 10 1 21 23 24 25 10 5 1

E CUENTO   NOCHE   TODO
  C I ENTO   C O CHE   T O CO
  MI ENTO   C OM E   L OCO
  MI ENTE   COMA   LOCA
  DI ENTE   CAMA   BOCA

F 1. *Eran las cinco de la tarde.*
  2. *El carro era pequeño.*
  3. *El número de la placa era XL-459.*
  4. *El ladrón no tenía la cara cubierta.*
  5. *Sí, tenía barba y bigote.*
  6. *No, llevaba una gorra.*
  7. *Había una persona en el carro.*
  8. *Llevaba lo que robó en la mano izquierda.*
  9. *Sí, tenía una pistola.*
  10. *Había seis personas en la calle. Estaban cerca de la joyería.*

G

H

1. $\underline{E}\ \underline{S}\ \underline{T}\ \underline{A}\ \underline{C}\ \underline{I}\ \underline{Ó}\ \underline{N}\quad \underline{D}\ \underline{E}\quad \underline{P}\ \underline{O}\ \underline{L}\ \underline{I}\ \underline{C}\ \underline{Í}\ \underline{A}$
   1 2 3 4 5 6 7

2. $\underline{H}\ \underline{U}\ \underline{E}\ \underline{LL}\ \underline{A}\ \underline{S}\quad \underline{D}\ \underline{I}\ \underline{G}\ \underline{I}\ \underline{T}\ \underline{A}\ \underline{L}\ \underline{E}\ \underline{S}$
   8 9 10 11 12 13

3. $\underline{C}\ \underline{Á}\ \underline{R}\ \underline{C}\ \underline{E}\ \underline{L}$
   14 15 16

4. $\underline{A}\ \underline{B}\ \underline{O}\ \underline{G}\ \underline{A}\ \underline{D}\ \underline{O}\quad \underline{D}\ \underline{E}\ \underline{F}\ \underline{E}\ \underline{N}\ \underline{S}\ \underline{O}\ \underline{R}$
   17 18 19 20 21 22

5. $\underline{J}\ \underline{U}\ \underline{E}\ \underline{Z}$
   23 24

6. $\underline{V}\ \underline{Í}\ \underline{C}\ \underline{T}\ \underline{I}\ \underline{M}\ \underline{A}$
   25 26 27

Solución: $\underset{24}{E}$ $\underset{6}{L}$ $\underset{26}{I}$ $\underset{22}{N}$ $\underset{11}{D}$ $\underset{12}{I}$ $\underset{25}{V}$ $\underset{12}{I}$ $\underset{4}{D}$ $\underset{8}{U}$ $\underset{19}{O}$ $\underset{1}{A}$ $\underset{14}{C}$ $\underset{23}{U}$ $\underset{10}{S}$ $\underset{17}{A}$ $\underset{20}{D}$ $\underset{5}{O}$

$\underset{18}{D}$ $\underset{21}{E}$ $\underset{13}{L}$ $\underset{16}{C}$ $\underset{15}{R}$ $\underset{7}{I}$ $\underset{27}{M}$ $\underset{9}{E}$ $\underset{3}{N}$.

I (Sample responses)

Carlos llega tarde a la clase. La profesora muestra que ya son las diez y pregunta a Carlos qué pasó. Carlos dice que esa mañana no oyó el reloj despertador. Se despertó a las nueve de la mañana, cuando su mamá entró en el cuarto.

Achievement Test I (Lessons 1–10)

1 Listening Comprehensiom

1. Ud. entra en un restaurante y se sienta a una mesa. Cuando se acerca el mesero, Ud. le dice: (Key: *c*)
2. En el hospital un médico examina a uno de los pacientes. Coge el termómetro y dice: (Key: *c*)
3. Es el cumpleaños de María. Ahora tiene diez y seis años. De regalo, sus padres le compran (Key: *a*)
4. Ud. quiere saber qué equipo de béisbol ganó el juego ayer. Abre el periódico y busca (Key: *b*)
5. Durante el verano todo el mundo va a la playa. Tienen calor y quieren (Key: *d*)

2 Vocabulary

1. *el buzón*
2. *la estampilla*
3. *la sombrilla*
4. *el sobre*
5. *el ladrón*
6. *el casco*
7. *la palmera*
8. *la isla*
9. *el barco de vela*
10. *el campeón*

3 Structures

a. Interrogatives

1. *¿Quién es su profesor de español?*
2. *¿Cuál es su número de teléfono?*

3. ¿Dónde está la ciudad de Los Angeles?
4. ¿Adónde va Ud. en las vacaciones?
5. ¿Cuánto dinero tiene Ud. en el bolsillo?

b. Stem-changing verbs

1. *piensa*   2. *puedo*   3. *cerramos*   4. *pierdo*   5. *repites*

c. Saber and **conocer**

1. los señores Ramos (Key: *Yo conozco*)
2. montar a caballo (Key: *Yo sé*)
3. dónde vive Jorge (Key: *Yo sé*)
4. esa novela (Key: *Yo conozco*)
5. España (Key: *Yo conozco*)

d. Shortened adjectives

1. *tercera*   2. *grandes*   3. *primer*   4. *bueno*   5. *grande*

e. Adverbs

1. *bien*   2. *poco*   3. *cerca*   4. *tarde*   5. *más tarde*

f. Negatives

1. *No, no vi ningún programa anoche.*
2. *Nadie me llamó esta mañana. / Esta mañana no me llamó nadie.*
3. *No hablo ni chino ni ruso.*
4. *Ahora no quiero comer nada.*
5. *No voy a pescar nunca. / Nunca voy a pescar.*

g. Commands

1. *pon / sal*   3. *ven / seas*   5. *haz / cierren*
2. *Tengan / miren*   4. *Vayan / corran*

h. Reflexive verbs

Por la mañana

Me desperté a las seis y media.
Me levanté a las siete menos veinte.
Me lavé la cara a las siete menos diez.
Me vestí a las siete menos cinco.
Me peiné a las siete y cuarto.

Por la noche

Me quité la ropa. / Me desvestí.
Me bañé.
Me puse el pijama.
Me cepillé los dientes.
Me acosté.

i. Preterite and imperfect tenses

1. *hacía*	6. *vimos*	11. *era*	16. *pedí*
2. *fuimos*	7. *estaba*	12. *estuvimos*	17. *pude*
3. *puse*	8. *dijo*	13. *decidimos*	18. *salimos*
4. *comenzó*	9. *quería*	14. *conocía*	19. *llovía*
5. *tenía*	10. *sabía*	15. *pidió*	20. *tuvimos*

j. Demonstrative adjectives and pronouns

1. *esta / aquélla*
2. *estos / ésos*
3. *ése (ésa) / éste (ésta)*
4. *aquel / éste*
5. *esas / aquellos*

4 Reading Comprehension

1. *b*　　2. *a*　　3. *b*　　4. *c*　　5. *a*

5 Slot Completion

(1) *c*　　(2) *a*　　(3) *c*　　(4) *a*　　(5) *b*

6 Visual Stimulus (Sample responses)

Hay muchos muchachos y muchachas en el cine.
Ven una película de ladrones y policías.
La película es muy buena.
Las muchachas gritan cuando los ladrones se escapan.
Al final los policías ganan.

Tercera Parte

Lección 11

Notes: Articles of clothing can be presented in a variety of interesting ways. Always useful in practicing the vocabulary are pictures taken from newspapers or magazines or pictures of men and women dressed in different outfits.

Bring or have students bring real articles of clothing to class. These may be hung on a clothesline across the front of the classroom or placed in a shopping bag and then pulled out one by one for identification and description.

Students might be asked to describe what they are wearing on that particular day. They might also prepare and act out skits in which they go shopping for clothes.

Optional Oral Exercises

A. ¿Qué es esto?

(Point to various articles of clothing worn by yourself or students like those indicated in the Key.)

KEY

1. *Es la camiseta.*
2. *Son las botas de piel.*
3. *Es la chaqueta.*
4. *Es el bolso.*
5. *Son los pantalones.*
6. *Es la corbata.*
7. *Es la falda.*
8. *Es el saco de sport.*
9. *Es el abrigo.*
10. *Es el suéter.*
11. *Es el cinturón.*
12. *Es la bufanda.*

B. ¿Quién lleva . . . ?

(Ask students who is wearing the various articles of clothing listed in Exercise A or others.)

EXAMPLE: ¿Quién lleva una camisa blanca?
Yo llevo una camisa blanca.

C. Answer affirmatively, replacing the nouns with direct object pronouns:

EXAMPLE: ¿Tienes el dinero?
Sí, lo tengo.

1. ¿Ves la carta?
2. ¿Traes el vaso?
3. ¿Lees los libros?
4. ¿Compras las pantuflas?
5. ¿Necesitas la ropa?

6. ¿Preparas los refrescos?
7. ¿Abres las ventanas?
8. ¿Escuchas las noticias?
9. ¿Vendes el coche?
10. ¿Lavas la camiseta?

KEY

1. *Sí, la veo.*
2. *Sí, lo traigo.*
3. *Sí, los leo.*
4. *Sí, las compro.*
5. *Sí, la necesito.*

6. *Sí, los preparo.*
7. *Sí, las abro.*
8. *Sí, las escucho.*
9. *Sí, lo vendo.*
10. *Sí, la lavo.*

D. Substitute a direct object pronoun for the noun in the following formal commands:

EXAMPLE: Escriba la carta.
Escríbala.

1. Compre el helado.
2. Traiga el vaso.
3. Coma las legumbres.

4. Venda los coches.
5. Cierre la ventana.

KEY

1. *Cómprelo.*
2. *Tráigalo.*
3. *Cómalas.*

4. *Véndalos.*
5. *Ciérrela.*

E. Substitute a direct object pronoun for the noun in the following sentences:

EXAMPLE: Puedo aprender la lección.
Puedo aprenderla.

1. Voy a cerrar la puerta.
2. Queremos comprar las revistas.
3. Elena va a hacer las tareas.
4. No pueden comprender la lección.
5. ¿Piensas servir la comida?

KEY

1. *Voy a cerrarla.*
2. *Queremos comprarlas.*
3. *Elena va a hacerlas.*

4. *No pueden comprenderla.*
5. *¿Piensas servirla?*

F. Directed dialog (See Lesson 8, Optional Oral Exercise D, for full procedures.)

Pregúntele a un alumno / una alumna (unos alumnos / unas alumnas) si

1. puede(n) llamarlo(la) / llamarlos(las).
2. quieren verlo(la) / verlos(las) hoy.
3. viene(n) a visitarlo(la) / visitarlos(las).
4. va(n) a invitarlo(la) / invitarlos(las).
5. puede(n) ayudarlo(la) / ayudarlos(las).

KEY

STUDENT #1	STUDENT #2
1. *¿Puedes llamarme?*	*Sí, puedo llamarte.*
2. *¿Quieres verme hoy?*	*Sí, quiero verte hoy.*
3. *¿Vienes a visitarme?*	*Sí, vengo a visitarte.*
4. *¿Vas a invitarme?*	*Sí, voy a invitarte.*
5. *¿Puedes ayudarme?*	*Sí, puedo ayudarte.*

Key to Actividades

A (Sample responses)

1. *un impermeable*
2. *unas pantuflas*
3. *un chaleco*
4. *una bufanda*

5. *un pijama*
6. *un suéter*
7. *una camiseta*
8. *una bata de casa*

B (Sample responses)

> *Tomás lleva un traje ultramoderno, con pantalones estrechos y chaqueta sin mangas. Lleva también una camisa a rayas sin cuello.*
>
> *Mario lleva un traje de lana de color gris oscuro, una camisa blanca de manga larga, una corbata azul a rayas amarillas y zapatos negros.*
>
> *Dolores lleva una mini-falda estrecha, una blusa blanca de manga larga, aretes y collar de perlas, medias de nilón y zapatos blancos.*
>
> *Sarita lleva una falda de blue-jean, una blusa de algodón a cuadros, gafas, calcetines blancos y zapatos de tenis.*

C 1. *Liliana recibió cien dólares.*
2. *Hay una fiesta de año nuevo.*
3. *Liliana quiere comprar un vestido magnífico.*
4. *Piensa encontrar el vestido en la tienda Chez Fifí.*
5. *El vestido rojo le parece muy ordinario.*
6. *Es único. No hay otro igual.*
7. *No tiene bastante dinero.*
8. *Compra la blusa blanca con mini-falda.*
9. *Se llaman Conchita, Lolita y Panchita.*
10. *Todas llevan el mismo vestido.*

Key to Structures

3 . . . Which noun in the first sentence is replaced by **lo?** *el vestido.* What is the gender of **el vestido?** *masculine.* Which noun in the second sentence is replaced by **la?** *la chica.* What is the gender of **la chica?** *feminine.*

. . . Where do **lo, la, los,** and **las** stand in relation to the verb? *Before the verb.*

Key to Actividades

D 1. *El doctor los examina.*
2. *Ellos lo traen.*
3. *No la veo.*
4. *No las escribimos.*
5. *El maestro la explica.*
6. *¿Los compras?*
7. *La señora no las vende.*
8. *Lo tenemos aquí.*

E
1. Sí, los llevo.
2. Sí, lo llevo.
3. Sí, la llevo.
4. Sí, las llevo.
5. Sí, lo llevo.
6. Sí, la llevo.
7. Sí, las llevo.
8. Sí, los llevo.

F
1. Sí, la invité.
2. Sí, los invité.
3. Sí, lo invité.
4. Sí, Manuel la trae.
5. Sí, las invité.
6. Sí, los compré.
7. Sí, los preparé.
8. Sí, mi mamá la hizo.
9. Sí, las tengo.
10. Sí, lo compré.

G
1. Yo también lo tomo para ir a la escuela.
2. Yo también los tengo.
3. Yo también las estudio.
4. Yo también lo toco muy bien.
5. Yo también la escucho todos los días.

H
1. Tus amigos te visitan a menudo.
2. Mi madre me llamó hace una hora.
3. Nuestros abuelos siempre nos llevan al cine.
4. Ud. la vio esta mañana.
5. Yo las invité a la fiesta.
6. ¿Nos vieron Uds. en el partido de béisbol?
7. Mis padres no me comprenden.
8. ¿Te comprenden tus padres?

Key to Structures

5 . . . Are these commands affirmative or negative? *affirmative.* Where is the direct object pronoun in these commands? *It follows the verb and is attached to it.*

Key to Actividad

I
1. Apréndela.
2. Estúdialos.
3. Ciérrala.
4. Cómpralas.
5. Llámalo.
6. Despiértala.
7. Escúchalo.
8. Léelos.
9. Hazlas.
10. Prepárala.

Key to Structures

6 . . . How many verbs are in each Spanish sentence? *two.* Which form does the second verb have? *the infinitive.* Where is the direct object pronoun in column I? *After the infinitive.* Is it attached to the infinitive? *Yes.* Where is the direct object pronoun in column II? *Before the conjugated verb.*

Key to Actividades

J
1. *Hazlas. / Voy a hacerlas.*
2. *Lávalo. / Voy a lavarlo.*
3. *Léelo. / Voy a leerlo.*
4. *Cómelas. / Voy a comerlas.*
5. *Ábrela. / Voy a abrirla.*
6. *Llámalo. / Voy a llamarlo.*
7. *Cómpralos. / Voy a comprarlos.*
8. *Sírvela. / Voy a servirla.*
9. *Escríbelas. / Voy a escribirlas.*
10. *Tráelo. / Voy a traerlo.*

K (Sample responses)

1. *Sí, las escuché.*
2. *No, no lo vi.*
3. *No, no lo leí.*
4. *No, no las vi.*
5. *Sí, quiero visitarlo.*
6. *Sí, la terminé.*
7. *No, no lo miré.*
8. *Sí, voy a comprarlos.*
9. *Sí, la conocí.*
10. *No, no tengo que llevarlo.*

Preguntas personales (Sample responses)

1. *Me visto con un traje nuevo.*
2. *Me visto con un par de jeans y una camisa de sport.*
3. *Recibí un suéter de lana y dos camisas.*
4. *No compro ropa a menudo, sólo de vez en cuando.*
5. *Compré una chaqueta.*

Diálogo (Sample responses)

¿En qué puedo servirle?
   Necesito una bata de casa para mi padre.

¿De qué color la quiere?
  ¿La tiene en azul?
Aquí hay una muy bonita.
  ¡Perfecto! ¿Cuánto cuesta?
Cuesta veinta dólares. ¿Quiere llevarla?
  Sí, la llevo. ¿Puedo ver las zapatillas?
Lo siento, no las vendemos aquí.
  Pues, gracias. Adiós.

Información personal   (Sample responses)

1. *Un traje de seda negra.*
2. *Una camisa blanca de algodón, de manga larga.*
3. *Una corbata de seda a rayas.*
4. *Un suéter de lana a cuadros.*
5. *Un par de pantalones estrechos.*

Lección 12

Notes: Bring in a scale model of a car, probably one whose parts can be detached. Have students point to the parts and identify them in Spanish. A large poster or chart may also be useful for learning the vocabulary.

Some motor vehicle departments provide driving manuals in Spanish. These can be helpful in teaching vocabulary dealing with automobiles and traffic.

Optional Oral Exercises

A. ¿Qué es esto?

(Point to various parts of an automobile, either on a model car or a chart, like those indicated in the Key.)

KEY

1. *Es el parabrisas.*	5. *Son los faros.*	9. *Es el maletero / el baúl.*
2. *Es la ventanilla.*	6. *Es el parachoques.*	10. *Es el guardafango.*
3. *Es la rueda.*	7. *Es la placa.*	11. *Es la puerta.*
4. *Es la llanta.*	8. *Es el volante.*	12. *Es el espejo.*

B. Answer negatively, replacing the indirect object nouns with indirect object pronouns:

EXAMPLE: ¿Prestas tu bicicleta a tu amigo?
No, no le presto mi bicicleta.

1. ¿Das el libro a Pedro?
2. ¿Prestas una pluma a la profesora?
3. ¿Escribes una carta a mi hermana?
4. ¿Haces una pregunta a las muchachas?
5. ¿Compras un regalo a tus amigos?
6. ¿Vendió Pepe la bicicleta a María?
7. ¿Explicaste la lección a tu hermano?
8. ¿Contaron los alumnos la historia al profesor?
9. ¿Diste el trabajo a los jovenes?
10. ¿Pasaron el pan a mis padres?

KEY

1. *No, no le doy el libro. .*
2. *No, no le presto una pluma.*
3. *No, no le escribo una carta.*
4. *No, no les hago una pregunta.*
5. *No, no les compro un regalo.*
6. *No, no le vendió la bicicleta.*
7. *No, no le expliqué la lección.*
8. *No, no le contaron la historia.*
9. *No, no les di el trabajo.*
10. *No, no les pasaron el pan.*

C. Repeat the following commands, substituting indirect object pronouns:

EXAMPLE: Dé el regalo a su padre.
Déle el regalo.

1. Cuente la historia a su madre.
2. Traiga los libros al profesor.
3. Muestre estas fotos a sus amigos.
4. Preste su bicicleta a su hermana.
5. Enseñe la lección a los alumnos.

    1. *Cuéntele la historia.*   4. *Préstele su bicicleta.*
    2. *Traígale los libros.*   5. *Enséñeles la lección.*
    3. *Muéstreles estas fotos.*

D. Express the following commands in Spanish:

    1. Give me the pen.   4. Sell me your bicycle.
    2. Tell us a story.   5. Teach me these verbs.
    3. Show us page 30.

KEY

    1. *Déme la pluma.*
    2. *Cuéntenos una historia.*
    3. *Muéstrenos la página treinta.*
    4. *Véndame su bicicleta.*
    5. *Enséñeme estos verbos.*

E. Substitute an indirect object pronoun for the indirect object noun:

    EXAMPLE: Voy a dar un regalo a Tomás.
                  Voy a darle un regalo.

    1. Quiere dar flores a sus abuelos.
    2. Debemos servir refrescos al director.
    3. Necesito escribir una carta al presidente.
    4. Van a hacer preguntas al profesor.
    5. ¿Quieres comprar ese disco a tu amiga?

KEY

    1. *Quiere darles flores.*
    2. *Debemos servirle refrescos.*
    3. *Necesito escribirle una carta.*
    4. *Van a hacerle preguntas.*
    5. *¿Quieres comprarle ese disco?*

Key to Actividades

A 1. *Stop.*   3. *No parking.*   5. *No entry.*
    2. *Railroad.*   4. *No left turn.*   6. *School.*

B
1. *Ella va a recibir un carro deportivo rojo.*
2. *Él decidió darle unas clases de manejar.*
3. *Pepita está muy nerviosa porque su padre no deja de hablarle.*
4. *Él le muestra todo.*
5. *Ella maneja bastante bien.*
6. *Debe prestar atención a los peatones.*
7. *Él grita: «Cuidado, mi hija está aprendiendo a manejar».*
8. *Ella está completamente rendida y más nerviosa que al principio.*
9. *El padre no paró el carro en la luz roja.*
10. *El policía le pone una multa al padre.*

C
1. *una puerta*   3. *una llanta*   5. *el parachoques*
2. *los faros*   4. *el capó*

Key to Structures

3 . . . What is the subject in both Spanish sentences? *ella;* the verb? *dio;* the direct object? *un regalo.* What are **a su madre** and **a sus amigos?** *indirect objects.*

. . . Which word has replaced **a su madre** in the first sentence? *le.* Which word has replaced **a sus amigos** in the second sentence? *les.*

Key to Actividad

D
1. *La maestra les enseña la lección.*
2. *El Sr. Pérez le da flores.*
3. *El policía le pone una multa.*
4. *José les hace una pregunta.*
5. *Les muestro mi carro nuevo.*
6. *Mi papá le compró un regalo.*
7. *El abuelo les cuenta historias.*
8. *Mi hermano le presta su bicicleta.*
9. *La vendedora le vendió un vestido.*
10. *Ud. les da trabajo.*

Key to Structures

4 Where do the direct object pronouns stand in commands? *after the verb;* in sentences with an infinitive? *attached to the infinitive* or *before the conjugated verb form.*

Key to Actividades

E 1. *Sí, cómprale esa bufanda.*
    2. *Sí, mándales esa tarjeta.*
    3. *Sí, cómprales esos discos.*
    4. *Sí, escríbeles esas tarjetas.*
    5. *Sí, mándale aquella tarjeta.*
    6. *Sí, cómprale este juguete.*

F 1. *Yo también necesito hablarles de mis planes.*
    2. *Yo también quiero escribirle una carta.*
    3. *Yo también debo servirles refrescos.*
    4. *Yo también voy a prestarle mi bicicleta.*
    5. *Yo también quiero darles unos discos.*
    6. *Yo también voy a hacerle una pregunta.*

G 1. *A mis hermanos les prepara carne con papas.*
    2. *A mi abuela le prepara flan.*
    3. *A mis tías les prepara camarones.*
    4. *A mi hermana le prepara una torta.*
    5. *A mi abuelo le prepara gazpacho.*

Key to Structures

6 . . . What object pronouns do you recognize in these sentences? *me, te,* and *nos.*

Key to Actividades

H (Sample responses)

    1. *Sí, te presto mis patines.*
    2. *Hoy no nos pusieron tareas.*
    3. *Sí, te ayudo con la tarea.*
    4. *Sí, te explico lo que dijo la profesora.*

5. *Mis padres me regalaron la bicicleta.*
6. *Sí, ellos me dan dinero.*
7. *La directora nos dijo que la profesora estaba enferma.*
8. *Mi mamá me lava la ropa.*

I   Querida Rosario:

Hoy fui de compras. A mi mamá *le* compré un suéter muy bonito y a mis hermanos *les* compré juguetes. No *te* escribí antes porque estuve muy ocupada. Ayer *les* mandé tarjetas a todos los chicos de la clase. A José, por supuesto, *le* escribí una larga carta. El viaje *me* gusta mucho; el guía *nos* prometió a mis padres y a mí una escursión para mañana. Bueno, ya *te* conté muchas cosas. ¡Escríbe*me* pronto!

J   1. *El mesero nos trajo el menú.*
2. *Mi madre le dijo: «Tráigame un sandwich».*
3. *El mesero le contestó: «Lo siento, pero a esta hora no puedo servirles sandwiches».*
4. *«¿Qué puede servirnos?», le preguntó mi madre.*
5. *No nos gustó nada del menú.*
6. *Salimos, y mi madre le dijo a mi padre: «Te dije que este restaurante es malo».*

Preguntas personales   (Sample responses)

1. *Sí. Aprendí el año pasado.*
2. *Sí, porque hay que ir a muchas partes rápido.*
3. *Prefiero un Cadillac porque es muy fuerte.*
4. *Puedo tomar el tren, el taxi o el autobús.*

Información personal   (Sample responses)

1. *Mis padres tienen un coche de cuatro puertas.*
2. *El motor es grande y tiene ocho cilindros.*
3. *Hay ventanillas automáticas.*
4. *Tiene aire acondicionado y radio A.M. y F.M.*
5. *Hay mucho espacio en el baúl.*

Composición   (Sample responses)

Este coche está en muy buenas condiciones. No usa mucha gasolina ni mucho aceite. El motor es nuevo y el baúl es muy grande. Tiene cuatro

*puertas y es muy cómodo. Los faros y los frenos funcionan perfecta-
mente. Tiene una radio excelente, con antena. Es una ganga.*

Diálogo   (Sample responses)

¿Qué debo hacer primero?
   Arranca el carro.
¿Y después?
   Comienza a manejar despacio.
¿Qué es esto?
   Eso es el acelerador.
¡Una luz roja! ¿Qué hago?
   ¡Pon el freno¡
Quiero volver a casa.
   Tienes que practicar más.

Lección 13

Notes: Have students bring to class items or containers of items (bandage
boxes, aspirin boxes, and the like) that can be bought in a drugstore. These
articles can then be held up and identified by members of the class.

A fun activity is to place all items into a large bag and have individual
students pull them out one by one while identifying and describing each.

Students might also prepare and act out skits in which they sell and buy
in a pharmacy.

Optional Oral Exercises

A. ¿Qué es esto?

(Point to various pharmaceutical items indicated in the Key.)

KEY

1. *Es el cepillo de dientes.*
2. *Es la pasta de dientes.*
3. *Es el termómetro.*
4. *Es el desodorante.*
5. *Son los pañuelos de papel.*
6. *Es el papel higiénico.*
7. *Es la venda.*
8. *Es la curita.*

9. *Son las pastillas.*   11. *Son las aspirinas.*
10. *Son las vitaminas.*   12. *Es el jabón.*

B. Answer affirmatively, using object pronouns in place of the noun objects:

EXAMPLE: ¿Prestas el dinero a tu amigo?
          Sí, se lo presto.

1. ¿Das la pasta de dientes a Tomás?
2. ¿Vende la farmacia las aspirinas al muchacho?
3. ¿Mostraste el termómetro a la clase?
4. ¿Compras el jabón a tu mamá?
5. ¿Prestaron los peines a sus amigas?

KEY

1. *Sí, se la doy.*   4. *Sí, se lo compro.*
2. *Sí, se las vende.*   5. *Sí, se los prestaron.*
3. *Sí, se lo mostré.*

C. Say that your sister did not give you the items indicated. Use only object pronouns:

1. el algodón   4. la curita
2. las pastillas   5. el jarabe para la tos
3. el desodorante   6. los pañuelos de papel

KEY

1. *Ella no me lo dio.*   4. *Ella no me la dio.*
2. *Ella no me las dio.*   5. *Ella no me lo dio.*
3. *Ella no me lo dio.*   6. *Ella no me los dio.*

D. Form affirmative commands, using double object pronouns:

EXAMPLE: servirles la comida
          Sírvasela.

1. comprarme el helado   5. darnos la pasta
2. enseñarles el libro   6. escribirles la carta
3. venderle la casa   7. prestarle el pañuelo
4. traerme la botella   8. leerme el artículo

1. *Cómpremelo.*
2. *Enséñeselo.*
3. *Véndasela.*
4. *Tráigamela.*
5. *Dénosla.*
6. *Escríbasela.*
7. *Présteselo.*
8. *Léamelo.*

E. Repeat the sentences with object pronouns:

1. Quiere dar flores a sus abuelos.
2. Debemos servir los refrescos a los profesores.
3. Necesito escribir una carta al presidente.
4. Van a hacer preguntas a la clase.
5. ¿Quieres comprar esas vitaminas a tu amiga?

1. *Quiere dárselas.*
2. *Debemos servírselos.*
3. *Necesito escribírsela.*
4. *Van a hacérselas.*
5. *¿Quieres comprárselas.*

Key to Actividades

A
1. *el jabón*
2. *la pasta de dientes*
3. *el desodorante*
4. *el cepillo de dientes*
5. *las curitas*
6. *el peine*
7. *el papel higiénico*
8. *el algodón*

B (Sample responses)

1. *aspirinas y pañuelos de papel*
2. *jarabe para la tos*
3. *aspirinas*
4. *curitas y algodón*
5. *una venda*
6. *pastillas para la garganta*

C
1. *Hay anuncios comerciales en todas partes.*
2. *Nos dicen qué debemos comer, beber, llevar y comprar para vivir bien.*
3. *Aprenden de memoria las melodías y la letra de los anuncios comerciales.*

4. *Es el carro del futuro.*
5. *Debe ir a uno de los distribuidores.*
6. *Le ofrece un sistema estereofónico. Su sonido es único.*
7. *El equipo es portátil.*
8. *No quería mostrar sus dientes amarillentos, manchados de tabaco.*
9. *Deja los dientes brillantes y el aliento agradable.*
10. *No, yo compro una pasta de dientes ordinaria.*

Key to Structures

4 . . . When you use two object pronouns together in Spanish, where do they stand in relation to the verb? *Before the verb.* Which pronoun comes first? *The indirect object pronoun.* Which pronoun comes directly before the verb? *The direct object pronoun.*

Key to Actividad

D
1. *Sí, te lo compro.*
2. *Sí, te lo traigo.*
3. *Sí, ella me lo enseña.*
4. *Sí, papá me los compró.*
5. *Sí, te lo presto.*
6. *Sí, te lo cuento.*
7. *Sí, me las vendieron.*
8. *Sí, nos la dijo.*
9. *Sí, te los muestro.*
10. *Sí, mi amigo nos la presta.*

Key to Structures

5 . . . What happened to the indirect object pronoun **le** when it was used together with the direct object pronoun **lo** or **los?** *It was replaced by se . . .* What happened to the indirect object pronoun **les** when it was used with the direct object pronoun **la** or **las?** *It was replaced by se.*

Key to Actividades

E
1. *Sí, se las lleva.*
2. *Sí, se las roba.*
3. *Sí, se la sirve.*
4. *Sí, se la vende.*
5. *Sí, se lo enseña.*
6. *Sí, se lo presta.*
7. *Sí, se las lee.*
8. *Sí, se los da.*
9. *Sí, se las pone.*
10. *Sí, se las escribe.*

F
1. *No, no se los compré.*
2. *No, no se lo expliqué.*
3. *No, no se lo di.*
4. *No, no se los presté.*

5. *No, no se lo serví.*
6. *No, no se la mandé.*

7. *No, no se la escribí.*
8. *No, no se las di.*

G 1. *Sí, se lo di a Manuel.*
2. *Sí, se los di a Ud.*
3. *Sí, se lo di a Juan y Javier.*

4. *Sí, se los di a los alumnos.*
5. *Sí, se la di a Mercedes.*
6. *Sí, se las di a todos.*

Key to Structures

6 Do you remember where the single object pronoun stands in affirmative commands? *It follows and is attached to the verb.* In sentences with an infinitive? *It follows and is attached to the infinitive or it stands before the conjugated form of the verb.*

Key to Actividades

H 1. *Cómpratelo.*
2. *Escríbesela.*
3. *Muéstraselas.*

4. *Léemelo.*
5. *Dáselo.*
6. *Házmelas.*

7. *Cuéntamelo.*
8. *Cómpratelos.*

I 1. *Sí, debes comprársela.*
2. *Sí, debes comprártelo.*
3. *Sí, debes comprárselos.*
4. *Sí, debes comprármela.*

5. *Sí, debes comprárselo.*
6. *Sí, debes comprárselos.*
7. *Sí, debes comprárselas.*
8. *Sí, debes comprárnoslos.*

J 1. *.Necesito una bicicleta nueva.*
2. *¿Por qué no la compras?*
3. *No tengo bastante dinero para comprarla.*
4. *Tus padres pueden comprártela. / Tus padres te la pueden comprar.*
5. *Dicen que no la necesito.*
6. *No quieren darme el dinero.*
7. *Mis abuelos pueden comprármela.*
8. *Si ellos te la compran, ¿me la puedes prestar? / ¿puedes prestármela?*

Preguntas personales (Sample responses)

1. *No creo en ellos porque hacen muchas exageraciones.*
2. *Tienen cierto valor porque nos dan información de los productos que hay.*
3. *Compro los productos de vez en cuando.*

4. *Lo tengo en mi sala. Funciona muy bien.*
5. *Si tengo gripe, compro aspirinas para bajar la temperatura.*

Información personal   (Sample responses)

1. a. *Le doy el dinero a mi amigo.*
   b. *Se lo doy.*
2. a. *Le presto la pluma a la maestra.*
   b. *Se la presto.*
3. a. *Le muestro el trabajo a mi hermano.*
   b. *Se lo muestro.*
4. a. *Les doy consejos a mis amigos.*
   b. *Se los doy.*
5. a. *Les compro regalos a mis padres.*
   b. *Se los compro.*

Composición   (Sample responses)

¿Tiene Ud. pocos amigos? ¿Notó que mucha gente no quiere sentarse cerca de Ud.? Quizás necesita Ud. un buen desodorante. Vaya Ud. inmediatamente a la farmacia para comprar el nuevo desodorante «FRES-COLOR». Úselo después del baño durante una semana, y si no nota la diferencia, le devolvemos todo el dinero que pagó.

Diálogo   (Sample responses)

¿Usa Ud. toallos de papel?
  Sí, yo las uso.
¿Les recomienda la marca que usa a sus amigos?
  Sí, se la recomiendo.
¿Quiere Ud. ensayar la marca que nosotros ofrecemos?
  No, no quiero ensayarla.
Por favor, ensáyela. Yo creo que va a gustarle.
  Bueno, la voy a ensayar, pero creo que todas las marcas son iguales.
Ud. es una personal difícil de convencer.
  Es que me gusta la marca que uso ahora.

Lección 14

Notes: Most people enjoy taking personality quizzes and coming up with a numerical grade indicating what kinds of persons they are.

Students can make up their own "tests," using words they already know—**inteligente, simpático, popular,** and so on. The "tests" do not really have to measure anything. The more absurd or outrageous they are, the better.

For the structural material in this lesson, you may wish to begin by reviewing the prepositions on page 229 of the textbook and practice them with the class by placing yourself (or students and objects) in various parts of the room. Students would then describe the placements. Examples:

> **La profesora está detrás de la clase.**
> **Enrique está al lado de la ventana.**
> **La tiza está cerca de la pizarra.**

This type of practice may also be carried out through the directed-dialog procedures illustrated in previous lessons.

Optional Oral Exercises

A. Repeat the model sentence with the Spanish equivalent of the preposition you hear:

> **Los alumnos están en la tienda.**

1. beside	4. below	7. above
2. around	5. in front of	8. far from
3. near	6. behind	9. over

KEY

1. *Los alumnos están al lado de la tienda.*
2. *Los alumnos están alrededor de la tienda.*
3. *Los alumnos están cerca de la tienda.*
4. *Los alumnos están debajo de la tienda.*
5. *Los alumnos están delante de la tienda.*
6. *Los alumnos están detrás de la tienda.*
7. *Los alumnos están encima de la tienda.*

8. *Los alumnos están lejos de la tienda.*
9. *Los alumnos están sobre la tienda.*

B. Repeat the sentence, replacing the object of the preposition with the correct pronoun:

EXAMPLE: Los alumnos están al lado de la profesora.
Los alumnos están al lado de ella.

1. Hernando vive cerca de Pepe.
2. Ellos estudian con mi hermano y con Ud.
3. ¿Vas a trabajar para su padre?
4. Está sentado detrás de María.
5. Las nubes están sobre las casas.
6. La profesora enseña delante de la clase.
7. La escuela está lejos del parque.
8. No quiero salir sin mis hermanos.
9. El lápiz está debajo de los papeles.
10. Yo voy hacia el tren.

KEY

1. *Hernando vive cerca de él.*
2. *Ellos estudian con Uds.*
3. *¿Vas a trabajar para él?*
4. *Está sentado detrás de ella.*
5. *Las nubes están sobre ellas.*
6. *La profesora enseña delante de ella.*
7. *La escuela está lejos de él.*
8. *No quiero salir sin ellos.*
9. *El lápiz está debajo de ellos.*
10. *Yo voy hacia él.*

Key to Actividades

A (Sample responses)

1. *Es un test psicológico.*
2. *Revela su personalidad.*
3. *Hay ciertos puntos.*
4. *Hay que sumar los puntos.*

5. *Tiene un carácter fuerte e independiente.*
6. *Puede ofender a la gente.*
7. *Generalmente se lleva bien con todo el mundo.*
8. *Tiene miedo de decir la verdad.*
9. *Necesita tener más confianza.*
10. *Recibí 37 puntos. El examen refleja más o menos mi personalidad.*

B (Sample responses)

1. *inteligente, dinámico(a)*
2. *amable*
3. *fuerte, decidido*
4. *reservado(a) y tímido(a)*
5. *diplomático*

6. *honesto, directo*
7. *simpático(a)*
8. *paciente*
9. *impulsivo(a)*
10. *honesto(a), directo(a) y fuerte*

C (Variable)

Key to Structures

2 . . . What do you notice about the pronouns that follow the prepositions? *They are the same as the subject pronouns.*

Key to Actividades

D
1. *Yo estudio con ella.*
2. *¿Quieres trabajar para él?*
3. *Siempre hablan de ellas.*
4. *No salgas sin ella.*

5. *Enrique se sienta detrás de ella.*
6. *El gato está debajo de ella.*
7. *El avión vuela sobre ellos.*

E
1. *Sí, es para ella.*
2. *Sí, son para nosotros.*
3. *Sí, es para mí.*

4. *Sí, son para él.*
5. *Sí, son para Uds.*
6. *Sí, es para ellos.*

F
1. *No quiero ir con ella.*
2. *No quiero jugar con él.*
3. *No quiero ir con Uds.*

4. *No quiero ir contigo.*
5. *No quiero nadar con ellas.*
6. *No quiero jugar con ellos.*

G (Sample responses)

1. *Sí, voy a salir con ella.*
2. *Sí, puedes salir con nosotros.*

3. *Raúl se sienta delante de mí.*
4. *Sí, puedes ir a la escuela conmigo.*
5. *No, no quiero ir al cine contigo.*
6. *No, no puedo devolverlo por ti.*
7. *Sí, compré esa camiseta para mí.*
8. *No, no voy a salir sin ti.*

Preguntas personales   (Samples responses)

1. *Tienen un valor limitado porque todas las personas son diferentes.*
2. *Hice un examen cuando era niño.*
3. *No digo la verdad para no insultar a la gente.*
4. *Una persona debe ser agresiva a veces para tener éxito.*
5. *Generalmente es necesario llevarse bien con todo el mundo.*

Información personal   (Sample responses)

Yo soy dinámico, sincero, bastante fuerte, independiente, simpático y dipolomático.

Composición   (Sample responses)

1. *¿Tiene Ud. muchos amigos?*
2. *¿Tiene Ud. buen sentido del humor?*
3. *¿Generalmente está de acuerdo con los demás?*
4. *¿Le gusta estar con mucha gente?*
5. *¿Prefiere estar solo o ir a una fiesta?*

Diálogo   (Sample responses)

Buenas tardes, ¿cómo está Ud.?
Buenas tardes. Yo estoy bien, gracias, ¿y tú?
Bien. ¿Puedo hablar con Ud. ahora?
Sí, claro, puedes hablar conmigo ahora.
Tengo alguna dificultad con mis tareas.
Sí, sé que últimamente no sacas buenas notas. ¿Tienes algún problema?
Sí. Mis hermanos y yo tenemos el mismo cuarto, y ellos siempre hacen ruido.
Bueno, yo puedo ayudarte, pero debes hablar con tus padres también.
Ellos no entienden que necesito silencio para estudiar.
Si no quieres hablar con ellos, entonces el problema es más difícil.
Bueno, voy a hablar con ellos hoy.

Lección 15

Notes: To introduce or practice the furniture vocabulary in this lesson, use pictures or even dollhouse furniture that the students' younger brothers or sisters might have.

Review the numbers from 1–100 by having students count aloud, individually and in unison, perform simple computations, deal with play money, provide phone numbers, birthdays, holidays, time, and so on.

Optional Oral Exercises

A. ¿Qué es esto?

(Point to various articles of furniture—in the classroom, in pictures, or in a dollhouse—indicated in the Key.)

KEY

1. *el escritorio*	5. *el sillón*	9. *la cama*
2. *el espejo*	6. *la silla*	10. *el librero*
3. *la mesa*	7. *la lámpara*	11. *las cortinas*
4. *la mesita*	8. *el sofá*	12. *la estufa*

B. Write down in figures the number you hear:

1. doscientos veinte
2. quinientos
3. ciento quince
4. novecientos cuarenta y tres
5. mil cien
6. trescientos mil
7. seiscientos sesenta y seis
8. setecientos catorce

KEY

1. *120*	3. *115*	5. *1.100*	7. *666*
2. *500*	4. *943*	6. *300.000*	8. *714*

C. ¿Cuánto es . . .

1. cincuenta y cincuenta?
2. setenta menos diez?

3. veinte dividido por cinco?
4. diez por ocho?
5. cinco por tres?
6. mil menos quinientos?
7. cuatrocientos divido por dos?
8. cien por mil?

1. *ciento*   5. *quince*
2. *sesenta*   6. *quinientos*
3. *cuatro*   7. *doscientos*
4. *ochenta*   8. *cien mil*

D. Give the ordinal number for the number you hear:

1. ocho   6. siete
2. dos   7. tres
3. diez   8. seis
4. uno   9. nueve
5. cuatro   10. cinco

1. *octavo*   6. *séptimo*
2. *segundo*   7. *tercero*
3. *décimo*   8. *sexto*
4. *primero*   9. *noveno*
5. *cuarto*   10. *quinto*

E. Express the following with ordinal numbers:

Example: la lección número ocho
          la octava lección

1. el piso número uno   4. la página número cinco
2. la calle número dos   5. el libro número tres
3. el capítulo número diez

  1. *el primer piso*   4. *la quinta página*
  2. *la segunda calle*   5. *el tercer libro*
  3. *el décimo capítulo*

Key to Actividades

A   1. *una cama*   4. *un librero*   7. *un sofá*
      2. *una cómoda*   5. *un escritorio*   8. *un espejo*
      3. *una lámpara*   6. *una butaca*

B   (Sample responses)

    1. *una mesita de café*   6. *un sofá*
    2. *una alfombra*   7. *un estante para libros*
    3. *una cómoda*   8. *un sillón*
    4. *un escritorio*   9. *un espejo*
    5. *una cama*   10. *una lámpara*

C   1. *Sus muebles son viejos.*
      2. *Hay una venta especial en la mueblería más grande de la ciudad.*
      3. *Los muebles de dormitorio están en el primer piso.*
      4. *El juego de muebles cuesta quinientos cincuenta dólares.*
      5. *En el segundo piso hay muebles de sala.*
      6. *Quiere comprar un sofá blanco, dos butacas y una mesita.*
      7. *Quiere una mesa y seis sillas lujosas.*
      8. *El precio es mil trescientos ochenta y nueve dólares.*
      9. *Tiene que pagar quinientos dólares de contado.*
   10. *Paga mil setecientos sesenta dólares.*

D   1. *Dr. López, su cuarto es el doscientos trece.*
      2. *Srta. Gómez, su cuarto es el trescientos cuatro.*
      3. *Sr. y Sra. Pérez, su cuarto es el quinientos veinte y uno.*
      4. *Doctora Peláez, su cuarto es el cuatrocientos diez y siete.*
      5. *Srta. Casas, su cuarto es el setecientos cuarenta y cinco.*
      6. *Sres. Ramos, su cuarto es el ciento treinta y dos.*
      7. *Sra. Montes, su cuarto es el ochocientos sesenta y seis.*
      8. *Srta. Gallo, su cuarto es el novecientos uno.*
      9. *Sr. Torres, su cuarto es el seiscientos cincuenta y ocho.*

E
1. *184*
2. *256*
3. *489*
4. *815*
5. *523*
6. *1.550*
7. *3.910*
8. *10.730*
9. *120.000*
10. *100.340*

F
1. *mil setecientos setenta y seis*
2. *mil quinientos doce*
3. *mil setecientos treinta y dos*
4. *mil ochocientos diez*
5. *mil novecientos cuarenta y cinco*
6. *mil novecientos. . .*

G
1. *quinientas*
2. *mil cuatrocientos*
3. *setecientos cincuenta*
4. *cien mil*
5. *trescientos sesenta y cinco*
6. *ochocientas setenta y dos*
7. *seiscientas ochenta*
8. *doscientos cincuenta millones*

H
1. *veinte y un*
2. *cincuenta y un*
3. *treinta y una*
4. *sesenta y un*
5. *cuarenta y una*
6. *setenta y una*

I
1. *La Sra. Martínez necesita trescientos cincuenta mil cien pesos mexicanos.*
2. *La Srta. Gómez necesita ocho mil seiscientas setenta y una pesetas.*
3. *El Sr. Pérez necesita novecientos ochenta y nueve dólares.*
4. *El Sr. Ramos necesita veinte y cinco mil quinientos pesos colombianos.*
5. *La Sra. Vélez necesita diez mil cuatrocientos treinta y un australes.*
6. *El doctor Villa necesita cinco mil quinientas pesetas.*

J
1. *La ropa de hombre está en el octavo piso.*
2. *La ropa de mujer está en el quinto piso.*
3. *Los televisores están en el noveno piso.*
4. *La cafetería está en el segundo piso.*
5. *Los zapatos están en el tercer piso.*
6. *La toallas están en el sexto piso.*
7. *Los sombreros están en el primer piso.*
8. *Las cortinas están en el décimo piso.*

Diálogo   (Sample responses)

Buenas tardes. ¿En qué puedo servirle?
  Necesito algunos muebles para mi nuevo apartamento.
¿Cuánto dinero quiere gastar?
  Dos mil o tres mil dólares.
Muy bien. ¿Con qué cuarto quiere comenzar?
  Vamos a comenzar en la cocina.
Pase por aquí, por favor. ¿Qué muebles le gustan?
  Me gusta ese juego de comedor.
Ud. tiene muy bien gusto. Ese juego sólo vale 999 dólares.
  ¡Es una ganga!

Preguntas personales   (Sample responses)

1. *Hay un sofá, dos butacas y una mesita.*
2. *Es mejor comprar de contado porque resulta más barato.*
3. *Un tacaño no quiere gastar dinero. Yo soy lo opuesto.*
4. *En esta ciudad pagan el ocho por ciento.*
5. *Puedo comprar un coche usado.*

Información personal   (Sample responses)

1. *. . . mil novecientos noventa y cinco.*
2. *. . . cincuenta dólares.*
3. *. . . diez mil dólares.*
4. *. . . mil novecientos cuarenta y cinco.*
5. *. . . mil novecientos setenta y cinco.*

Composición   (Sample responses)

Tengo un cuarto muy bonito. Todos los muebles son nuevos. Mi sofá cama cuesta casi mil dólares. Tengo una alfombra de pared a pared de color azul claro. Hay también una butaca y un escritorio con una lámpara de mesa. Así puedo leer y estudiar de noche. En el rincón hay un pequeño televisor. Mi cuarto contiene todo lo que necesito. Las paredes son blancas y las cortinas azules como la alfombra. Es un cuarto ideal para un muchacho / una muchacha.

Repaso III (Lecciones 11–15)

Key to Actividades

A 1. *El número de la placa.*
2. *Un carro no tiene antena.*
3. *Un carro no tiene espejo retrovisor.*
4. *Llantas diferentes.*
5. *Un carro tiene cuatro puertas, el otro tiene dos.*
6. *Un carro tiene cuatro faros, el otro tiene dos.*

B

Carmen compró un

C *cepillo de dientes, pasta de dientes, desodorante, peine, papel higiénico, jabón, pañuelos de papel, curitas, termómetro y jarabe para la tos.*

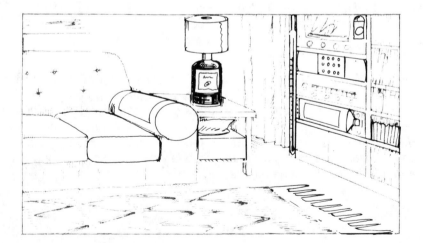

D

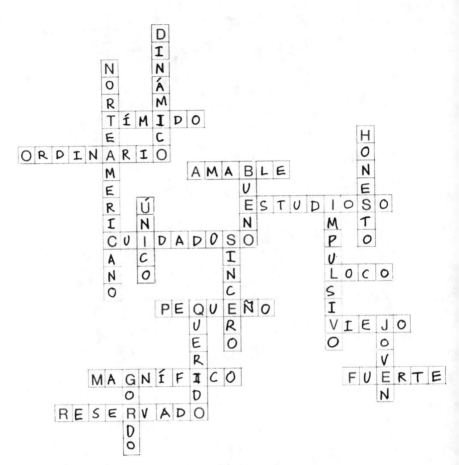

E   The correct answer is the article on the extreme right.

F

G

1. <u>V O L A N T E</u>
     1 2 3 4 5

2. <u>C O CH E</u>
    6   7 8

3. <u>M O T O R</u>
    9 10 11 12

4. <u>R U E D A S</u>
     13   14 15 16

5. <u>E S P E J O</u>
    17 18 19

6. <u>V E N T A N I LL A</u>
     20 21 22 23 24   25

7. <u>C U B I E R T A</u>
     26   27 28   29

El Sr. Campos tiene que pagar <u>U N A</u> <u>M U L T A</u> <u>D E</u>
                                           13 24 15 9 26 1 4 23 14 17

<u>C I E N T O</u> <u>O CH E N T A</u> <u>P E S E T A S</u>.
 6 27 5 21 29 12   10 7 20 3 22 25   19 8 16 28 11 2 18

H

1. <u>C</u> <u>O</u> <u>N</u> <u>G</u> **E** <u>L</u> <u>A</u> <u>D</u> <u>O</u> <u>R</u>
2. <u>M</u> <u>E</u> **S** <u>A</u>
3. **C** <u>Ó</u> <u>M</u> <u>O</u> <u>D</u> <u>A</u>
4. <u>F</u> <u>L</u> <u>O</u> **R** <u>E</u> <u>R</u> <u>O</u>
5. <u>S</u> **I** <u>LL</u> <u>A</u>
6. <u>B</u> <u>U</u> **T** <u>A</u> <u>C</u> <u>A</u>
7. <u>S</u> **O** <u>F</u> <u>Á</u>
8. <u>C</u> <u>O</u> **R** <u>T</u> <u>I</u> <u>N</u> <u>A</u> <u>S</u>
9. <u>L</u> **I** <u>B</u> <u>R</u> <u>E</u> <u>R</u> <u>O</u>
10. <u>A</u> <u>L</u> <u>F</u> **O** <u>M</u> <u>B</u> <u>R</u> <u>A</u>

I   Hoy sale Carlos de viaje para *España* . Ayer puso todas sus *camisas* , *pantalones* , *suéteres* , *camisetas* , *chalecos* y *zapatos* sobre la *cama* para decidir qué llevaba. Como no sabe si va a *llover* , decidió llevar también su *impermeable* y sus *botas de goma* . Lleva también dos *pijamas* , sus *zapatillas* y una *bata* . Del *cuarto de baño* sacó el *desodorante* , un *jabón* , un *cepillo de dientes* , un tubo de *pasta de dientes* , un *cepillo de pelo* y un *peine* y los puso sobre la *mesita de noche* . Su mamá le dijo: «Lleva también *curitas* , *pañuelos de papel* y unas *aspirinas* . Y no olvides llevar una *corbata* y un *saco de sport* para ponerte si vas a una *fiesta* o a un *restaurante*» . Ahora su *padre* lo llama desde la *puerta* y los dos salen en el *carro* . Dentro del *carro* , Carlos y su padre se ponen el *cinturón* de seguridad y abren las *ventanillas* . El viaje al *aeropuerto* no es largo. Antes de subir al *avión* , Carlos tiene tiempo de comprar varias *revistas* y un *periódico* . Muy pronto anuncian que el vuelo número *seiscientos catorce* sale en *quince* minutos. En el *avión* van más de *trescientos* pasajeros. Carlos está muy *contento* de salir para *España*

Cuarta Parte

Lección 16

Notes: Before going into the lesson narrative, have students make a list of common superstitions they know. Call on different students around the room to describe a superstition that he or she considers particularly funny, silly, strange, or the like. After these superstitions have been listed on the board, have students prepare skits or charades acting out superstitions (crossing the street to avoid a black cat, not walking under a ladder, and the like).

Optional Oral Exercises

A. Say what you did yesterday:

EXAMPLE: buscar al gato
Ayer busqué al gato.

1. tocar el piano
2. colocar los platos en la mesa
3. acercarse a la escuela
4. sacar el perro al parque
5. buscar un libro en la biblioteca

KEY

1. *Ayer toqué el piano.*
2. *Ayer coloqué los platos en la mesa.*
3. *Ayer me acerqué a la escuela.*
4. *Ayer saqué el perro al parque.*
5. *Ayer busqué un libro en la biblioteca.*

B. Say what you did an hour ago:

EXAMPLE: abrazar a tu perro
Abracé a mi perro.

1. empezar la tarea
2. almorzar con tu hermano
3. comenzar a estudiar
4. abrazar a tu mamá.

1. *Empecé la tarea.*
2. *Almorcé con mi hermano.*
3. *Comencé a estudiar.*
4. *Abracé a mi mamá.*

C. Say what you did at eight in the morning:

EXAMPLE: llegar al trabajo
Llegué al trabajo.

1. pagar el autobús
2. jugar con los gatos
3. llegar a la escuela

KEY

1. *Pagué el autobús.*
2. *Jugué con los gatos.*
3. *Llegué a la escuela.*

D. Say what you did three hours ago:

EXAMPLE: tocar a la puerta
Toqué a la puerta.

1. empezar a bailar
2. colocar los periódicos en la silla
3. almorzar con María Elena
4. comenzar a correr
5. acercarse a la ventana
6. abrazar a la maestra
7. sacar un libro de la biblioteca
8. buscar al perro

KEY

1. *Empecé a bailar.*
2. *Coloqué los periódicos en la silla.*
3. *Almorcé con María Elena.*
4. *Comencé a correr.*
5. *Me acerqué a la ventana.*
6. *Abracé a la maestra.*
7. *Saqué un libro de la biblioteca.*
8. *Busqué al perro.*

E. Give familiar commands:

EXAMPLE: dirigir el coro.
Dirige el coro.

1. proteger a tus hermanos
2. corregir los ejercicios
3. seguir un curso de español

4. recoger flores del jardín
5. conseguir el periódico
6. coger el autobús

KEY

1. *Protege a tus hermanos.*
2. *Corrige los ejercicios.*
3. *Sigue un curso de español.*

4. *Recoge flores del jardín.*
5. *Consigue el periódico.*
6. *Coge el autobús.*

F. Now give formal commands:

EXAMPLE: escoger buenos amigos
Escoja buenos amigos.

1. almorzar temprano
2. elegir al presidente de la clase

3. tocar el piano
4. jugar al tenis

KEY

1. *Almuerce temprano.*
2. *Elija al presidente de la clase.*

3. *Toque el piano.*
4. *Juegue ai tenis.*

G. Directed dialog (See Lesson 8, Optional Oral Exericse D, for full procedures.)

Pregúntele a un alumno / una alumna si

1. tocó madera.
2. buscó el cuaderno.
3. explicó la lección.
4. cruzó la calle.
5. almorzó temprano.

6. pescó en el lago.
7. comenzó el trabajo.
8. jugó al tenis.
9. sacó buenas notas.
10. llegó tarde.

KEY

STUDENT #1

1. *¿Tocaste madera?*
2. *¿Buscaste el cuaderno?*

STUDENT #2

Sí, toqué madera.
Sí, busqué el cuaderno.

3. ¿Explicaste la lección?   Sí, expliqué la lección.
4. ¿Cruzaste la calle?   Sí, crucé la calle.
5. ¿Almorzaste temprano?   Sí, almorcé temprano.
6. ¿Pescaste en el lago?   Sí, pesqué en el lago.
7. ¿Comenzaste el trabajo?   Sí, comencé el trabajo.
8. ¿Jugaste al tenis?   Sí, jugué al tenis.
9. ¿Sacaste buenas notas?   Sí, saqué buenas notas.
10. ¿Llegaste tarde?   Sí, llegué tarde.

Key to Actividades

A
| 1. h | 3. a | 5. g | 7. c |
| 2. f | 4. e | 6. b | 8. d |

B
1. el hada
2. el brujo
3. el sueño
4. la astrología
5. el fantasma
6. el signo del zodíaco
7. la bruja
8. el mago

C
1. Para una persona lógica, no existen los malos agüeros.
2. La superstición es para los ignorantes.
3. Toca madera o cruza los dedos.
4. Cree que trae mala suerte.
5. Cruza los dedos cuando rompe un espejo.
6. Según mucha gente el número trece trae mala suerte.
7. La superstición está basada en la ignorancia y el temor a lo desconocido.
8. Uno no debe viajar ni casarse los martes.
9. Una pata de conejo y un trébol de cuatro hojas son amuletos de buena suerte.
10. Muchas veces las supersticiones tienen significados opuestos en distintos lugares del mundo.

Key to Structures

3 . . .
toque	tocar
llegue	llegar
cruce	cruzar

What happened to the **c** in **tocar?** It changed to qu.
What happened to the **g** in **llegar?** It changed to gu.
What happened to the **z** in **cruzar?** It changed to c.

Key to Actividades

D 1. *Yo busqué un libro en la biblioteca.*
2. *Yo saqué una buena nota en el examen.*
3. *Yo toqué la guitarra.*
4. *Yo expliqué las tareas a mi hermanito.*
5. *Yo me acerqué a la escuela por la tarde.*

E 1. *Almuerce (Ud.) en la cafetería.*
2. *Crucen (Uds.) la calle con cuidado.*
3. *Comience (Ud.) a hacer las tareas.*
4. *Pague (Ud.) la cuenta del gas.*
5. *No jueguen (Uds.) en la sala.*
6. *Lleguen (Uds.) temprano a la casa.*

F (Sample responses)

1. *Ayer almorcé a las dos de la tarde.*
2. *El sábado pasado jugué con Miguel.*
3. *En el último examen de español saqué 90 por ciento.*
4. *Anoche comencé a ver televisión a las ocho y media.*
5. *Sí, crucé muchas calles para llegar a la escuela.*
6. *Ayer por la tarde llegué a casa a las cuatro y media.*
7. *No, no toqué a la puerta.*
8. *Sí, busqué muchas palabras en el diccionario.*

Key to Structures

4 . . . What happened to the **g** in **recoger** and **dirigir?**   *It changed to j.*

Key to Actividad

G 1. *Corrijan los errores en la composición.*
2. *Protejan a los animales.*
3. *Escoja una película cómica.*
4. *Coja la pelota.*
5. *Elijan al presidente de la clase.*
6. *Dirija el coro en la clase de música.*

Key to Structures

5 . . . In these sentences, **gu** changes to *g* before *o* and *a* to maintain the original sound of the infinitive.

Key to Actividades

H (Sample responses)

1. *No, no escojo a mis maestros en la escuela.*
2. *Sí, sigo un curso de historia del arte.*
3. *Sí, recojo los platos sucios después de la comida.*
4. *No, no siempre consigo entradas.*
5. *Sí, yo protejo a los animales.*
6. *No, no dirijo ningún proyecto en la escuela.*

I
1. *Sigo los consejos de la gente.*
2. *Toqué a todas las puertas del barrio.*
3. *Abracé a cien bebés.*
4. *Yo no protejo a los criminales. Yo los persigo.*
5. *Yo no escojo a amigos para puestos políticos.*
6. *Llegué a esta ciudad hace veinte años.*
7. *Siempre le digo a la gente: «Busquen y elijan al mejor candidato».*
8. *Yo corrijo mis errores.*

Preguntas personales (Sample responses)

1. *No creo en ninguna superstición.*
2. *La superstición sobre el gato negro es la más ridícula.*
3. *Tuve un poco de mala suerte. Perdí diez dólares.*
4. *No tengo ningún amuleto.*
5. *Sí, me gustan los cuentos.*

Información personal (Sample responses)

1. *Siempre consigo lo que quiero.*
2. *Nunca toqué el piano.*
3. *Recojo los platos sucios después de comer.*
4. *Comencé una clase de guitarra el año pasado.*
5. *Sigo las instrucciones de mis padres.*

Diálogo (Sample responses)

¡Cuidado! ¡Ahí va un gato negro!
 Yo no creo en los agüeros.
No quiero pasar por debajo de aquella escalera.
 Está bien, vamos a cruzar la calle.

Seguro que voy a tener mala suerte. Hoy rompí un espejo.
No seas supersticioso. No va a traerte mala suerte.
¡Mira la casa de Antonio, es la número 13!
¿Y qué? Es sólo un número.
¡Qué suerte! Un jardín con tréboles. ¿Ves uno con cuatro hojas?

Lección 17

Notes: Before presenting the more exotic animals of this lesson, review the names of more common animals: **el gato, el gatito, el perro, el perrito, la vaca, el toro, el pato, la gallina, el caballo, el lobo, el ratón, el pez,** and others.

After learning the new vocabulary, students might play "**¿Quién soy yo?**," describing the attributes of the various animals through words or charades.

Optional Oral Exercises

A. Compare the following:

> EXAMPLE: el león / el gato
> El león es más grande que el gato.

1. la pantera / la tortuga
2. la ballena / el tiburón
3. el lobo / el perro
4. el cine / la televisión
5. la playa / la piscina

6. el avión / el coche
7. España / los Estados Unidos
8. el mono / el ratón
9. el edificio / la casa
10. la universidad / la escuela

KEY (Sample responses)

1. *La pantera es más veloz que la tortuga.*
2. *La ballena es más grande que el tiburón.*
3. *El lobo es más salvaje que el perro.*

4. *El cine es más interesante que la televisión.*
5. *La playa es más sucia que la piscina.*
6. *El avión es más caro que el coche.*
7. *España es más pequeña que los E.U.*
8. *El mono es más inteligente que el ratón.*
9. *El edificio es más alto que la casa.*
10. *La universidad es más avanzada que la escuela.*

B. Say that the first is less interesting than the second:

1. La hormiga / jirafa
2. la televisión / el cine
3. la clase de matemática / la clase de español
4. el tenis / el fútbol
5. patinar / montar a caballo

KEY

1. *La hormiga es menos interesante que la jirafa.*
2. *La televisión es menos interesante que el cine.*
3. *La clase de matemática es menos interesante que la clase de español.*
4. *El tenis es menos interesante que el fútbol.*
5. *Patinar es menos interesante que montar a caballo.*

C. Say that your friends Pablo and Pilar are equal in the qualities indicated:

EXAMPLE: amable
        Pablo es tan amable como Pilar.

1. cortés	3. bueno	5. alegre
2. sincero	4. serio	6. estudioso

KEY

1. *Pablo es tan cortés como Pilar.*
2. *Pablo es tan sincero como Pilar.*
3. *Pablo es tan bueno como Pilar.*
4. *Pablo es tan seriò como Pilar.*
5. *Pablo es tan alegre como Pilar.*
6. *Pablo es tan estudioso como Pilar.*

D. Compare Pablo, Carlos, and Pedro, using the adjectives indicated:

EXAMPLE: bueno
Pablo es bueno; Carlos es mejor; Pedro es el mejor.

1. malo   2. grande   3. pequeño

KEY

   1. *Pablo es malo; Carlos es peor; Pedro es el peor.*
   2. *Pablo es grande; Carlos es mayor; Pedro es el mayor.*
   3. *Pablo es pequeño; Carlos es menor; Pedro es el menor.*

E. Use superlatives to describe the following:

   1. este animal cómico
   2. esta actriz famosa
   3. este profesor inteligente
   4. este muchacho honesto
   5. su madre generosa

KEY

   1. *Este animal es el más cómico.*
   2. *Esta actriz es la más famosa.*
   3. *Este profesor es el más inteligente.*
   4. *Este muchacho es el más honesto.*
   5. *Su madre es la más generosa.*

Key to Actividades

A
1. *la tortuga*	4. *el tiburón*	7 *la ballena*
2. *la hormiga*	5. *el canguro*	8. *la araña*
3. *el pavo*	6. *la ardilla*	9. *la liebre*

B
el cocodrilo	*la serpiente*	*el ciervo*
el oso	*el leopardo*	*la jirafa*

C
   1. *Le gusta discutir sobre cuál es la cosa más grande, la más pequeña, la más fría etc.*
   2. *¿Quién es el hombre más gordo del mundo? ¿Quién es el más rápido?*

3. Las respuestas se encuentran en «El libro Guinness de los récords».
4. La compañía Guinness produce cerveza.
5. El libro se publica en 23 lenguas.
6. El hombre más alto del mundo medía 8 pies, 11 pulgadas.
7. El hombre más viejo era japonés.
8. El perro más pequeño viene de México.
9. El animal más grande y más pesado del mundo es una ballena azul.
10. El árbol más alto del mundo está en California.

D
1. La jirafa es más alta que el toro.
2. La ballena es más grande que el tiburón.
3. El leopardo es más veloz que el ciervo.
4. El perro es más inteligente que la vaca.
5. El tigre es más peligroso que el gato.
6. El león es más feroz que el camello.
7. La ardilla es más bonita que la araña.
8. La hormiga es más pequeña que la tortuga.

E (Sample responses)

1. Una película romántica es menos divertida que una película de horror.
2. El golf es menos divertido que el fútbol americano.
3. Una comida en un restaurante es menos divertida que un picnic.
4. La playa es menos divertida que la piscina.
5. La clase de matemática es menos divertida que la clase de español.
6. Una novela de ciencia ficción es menos divertida que una novela policíaca.
7. Viajar en avión es menos divertido que viajar en barco.

F
1. Juan es tan serio como Elisa.
2. Juan es tan bueno como Elisa.
3. Juan es tan alegre como Elisa.
4. Juan es tan inteligente como Elisa.
5. Juan es tan sincero como Elisa.
6. Juan es tan estudioso como Elisa.
7. Juan es tan cortés como Elisa.
8. Juan es tan honesto como Elisa.

Key to Structures

5 . . . Which words stand before **más** and **menos** in our examples? *el, la, los,* and *las.* Which word stands after the adjectives? *de.*

Key to Actividades

G (Sample responses)

1. *Mi hermana es la más alegre.*
   Mi hermano es el menos alegre.
2. *Mi tío es el más serio.*
   Mi tía es la menos seria.
3. *Mi primo es el más ambicioso.*
   Mi prima es la menos ambiciosa.
4. *Mi perro es el más bonito.*
   Mi gato es el menos bonito.
5. *Mi papá es el más divertido.*
   Mi mamá es la menos divertida.
6. *Mi abuelo es el más generoso.*
   Mi abuela es la menos generosa.

H (Sample responses)

1. *«Animal Crackers» es la más cómica.*
   «The Godfather» es la menos cómica.
2. *. . . es el más famoso.*
   . . . es el menos famoso.
3. *El Cadillac es el carro más caro.*
   El Yugo es el carro menos caro.
4. *El fútbol es el deporte más interesante.*
   El básquetbol es el deporte menos interesante.
5. *El elefante es el animal más inteligente.*
   El ratón es el animal menos inteligente.
6. *«Pee Wee Herman» es el programa más aburrido.*
   «Cheers» es el programa menos aburrido.

I (Sample responses)

1. *La mejor película fue . . .*
   La peor película fue . . .

2. *El mejor jugador de béisbol es . . .*
   El peor jugador de béisbol es . . .
3. *El mejor actor de televisión es . . .*
   El peor actor de televisión es . . .
4. *El mejor equipo de fútbol profesional es . . .*
   El peor equipo de fútbol profesional es . . .
5. *El mejor carro deportivo es . . .*
   El peor carro deportivo es . . .
6. *El mejor grupo de rock es . . .*
   El peor grupo de rock es . . .
7. *La mejor jugadora de tenis profesional es . . .*
   La peor jugadora de tenis profesional es . . .

J *Tengo un hermano y una hermana. Yo soy mayor que mi hermano, y mi hermana es la menor de los tres. Yo soy el mayor y también el más alto. Mi hermano es pequeño, pero no tan pequeño como mi hermana. Ella es la más pequeña de la familia. ¿Tienes tú hermanos y hermanas? ¿Son mayores o menores que tú? ¿Son más altos o más pequeños?*

Información personal

Answers will vary.

Dialogo   (Sample responses)

Dime, ¿cuál es el insecto más pequeño del mundo?
   No sé cuál es el insecto más pequeño.
¿Cuál es la culebra más peligrosa?
   No sé cuál es la culebra más peligrosa.
¿Son los cocodrilos tan viejos como las tortugas?
   No sé.
¿Quién es la persona más inteligente del mundo?
   No sé.
¿Por qué no sabes las respuestas a mis preguntas?
   No hay fin a todas las preguntas. ¡Déjame en paz!

Preguntas personales   (Sample responses)

1. *Pablo es el alumno más estudioso de la clase.*
2. *Creo que el libro de Guinness es importante porque tiene mucha información.*

3. *Quiero batir el récord de levantar pesas.*
4. *Henry Aaron tiene el récord del mayor número de jonrones.*
5. *¿Cuántas estrellas hay en el cielo?*

Composición   (Sample responses)

¿Es el leopardo tan fuerte como el tigre?
¿Es el cocodrilo tan peligroso como el tiburón?
¿Cuál es la culebra más larga del zoológico?
¿Cuál es el animal más pequeño del zoológico?
¿Es más grande la ballena que el elefante?

Lección 18

Notes: Many students have fun checking out their horoscope in newspapers and magazines. Why not do it in Spanish? Bring or have students bring to class a horoscope from a Spanish publication. Students can then find their signs according to their birthdays and look up their horoscopes. Have each member of the class read aloud what the horoscope says and then discuss why it sounds true, silly, and so on.

Students might next make up their own predictions of the future and exchange them with other members of the class.

The vocabulary of this lesson deals with occupations and professions. Ask each student what he or she would like to be. The students, working with the teacher, learn the Spanish terms for the various occupations. Students can reinforce vocabulary by acting out or describing particular trades or professions. The others try to figure out the occupations.

Optional Oral Exercises

A. Express the future of each verb with the subject you hear:

1. cortar: yo	6. vivir: ellos
2. vender: tú	7. recibir: ella
3. ayudar: él	8. trabajar: yo
4. escribir: Ud.	9. comer: tú
5. sacar: nosotros	10. leer: Uds.

1. *yo cortaré*
2. *tu venderás*
3. *él ayudará*
4. *Ud. escribirá*
5. *nosotros sacaremos*

6. *ellos vivirán*
7. *ella recibirá*
8. *yo trabajaré*
9. *tú comerás*
10. *Uds. leerán*

B. Change the following sentences to the future tense:

1. Yo recibo una noticia.
2. Él conoce a mi mamá.
3. Eso es muy importante.
4. El piloto llegó temprano.
5. Uds. ganan mucho dinero.
6. Nosotros ayudamos a los pobres.
7. Tú estudiabas mucho.
8. Uds. se levantan tarde.
9. Ella da muchos regalos.
10. Yo tomo algunas decisiones.

KEY

1. *Yo recibiré una noticia.*
2. *Él conocerá a mi mamá.*
3. *Eso será muy importante.*
4. *El piloto llegará temprano.*
5. *Uds. ganarán mucho dinero.*
6. *Nosotros ayudaremos a los pobres.*
7. *Tú estudiarás mucho.*
8. *Uds. se levantarán tarde.*
9. *Ella dará muchos regalos.*
10. *Yo tomaré algunas decisiones.*

C. Express wonder or probability:

EXAMPLE: ¿Qué hora es?
¿Qué hora será?

1. Son las cinco.
2. ¿Dónde está Miguel?
3. ¿Habla Carmen francés?
4. ¿Conocen a mis padres?
5. ¿Juega Maria con los niños?

1. *Serán las cinco.*
2. *¿Dónde estará Miguel?*
3. *¿Hablará Carmen francés?*
4. *¿Conocerán a mis padres?*
5. *¿Jugará María con los niños?*

D. Say that you will not do the following:

EXAMPLE: write the letter
No escribiré la carta.

1. read the book
2. listen to the radio
3. watch television

4. send the invitations
5. help your brother
6. eat the vegetables

1. *No leeré el libro.*
2. *No escucharé la radio.*
3. *No miraré la televisión.*

4. *No mandaré las invitaciones.*
5. *No ayudaré a mi hermano.*
6. *No comeré las legumbres.*

Key to Actividades

A
1. *El peluquero / La peluquera*
2. *El carnicero*
3. *El panadero / La panadera*
4. *El veterinario / La veterinaria*
5. *El zapatero*
6. *El empleado / La empleada de correos*
7. *El fotógrafo / La fotógrafa*
8. *El programador / La programadora*
9. *El entrenador*
10. *El piloto*
11. *El / La periodista*
12. *El empleado / La empleada de banco*
13. *El bombero*
14. *La aeromoza (La azafata)*
15. *El / La gerente*
16. *El / La electricista*

B 1. *Ellos dicen que nuestra personalidad y nuestro futuro están influenciados por los astros.*
2. *Todos nacimos bajo uno de los doce signos del zodíaco.*
3. *Muchas personas consultan su horóscopo.*
4. *Un Leo es una persona segura de sí misma, con cualidades de líder.*
5. *Un Sagitario necesita tener más confianza en sí mismo.*
6. *Él recibirá una noticia de gran importancia para su felicidad.*
7. *Un Cáncer es una persona sensible y simpática.*
8. *Ellas nacieron bajo el signo de Piscis.*

Key to Structures

3 . . . Which are the infinitives of the three verbs used in these sentences? *realizar, traer* and *recibir.* What ending was added to all three infinitives? *á.*

. . .	estar	ser	abrir
	estaré	seré	abriré
	estarás	serás	abrirás
	estará	será	abrirá
	estaremos	seremos	abriremos
	estarán	serán	abrirán

Key to Actividades

C 1. *Yo nadaré en el mar.*
2. *Yo correré por la playa.*
3. *Yo construiré castillos de arena.*
4. *Yo comeré en restaurantes.*
5. *Yo recogeré conchas.*
6. *Yo jugaré con mis amigos.*

D 1. *Ella llamará al peluquero para hacer una cita.*
2. *Ella llevará el gato al veterinario.*
3. *Ella hablará con el fotógrafo.*
4. *Ella leerá el artículo de la periodista española.*
5. *Ella dará instrucciones al electricista.*
6. *Ella escribirá al empleado del banco.*

E 1. *Estudiaremos para el examen.*
2. *Terminaremos las tareas.*
3. *Escribiremos la composición.*
4. *Leeremos el periódico.*
5. *Escucharemos unos discos.*
6. *Beberemos mucho café.*

F 1. *Los muchachos traerán los discos.*
2. *Las muchachas escogerán la música.*
3. *Tú servirás el ponche.*
4. *Uds. ayudarán a decorar.*
5. *El director tocará la guitarra.*
6. *Las madres prepararán los sandwiches.*
7. *Tú comprarás los platos de papel.*
8. *Yo abriré la puerta.*
9. *Ud. recogerá la basura.*
10. *Todos nosotros cantaremos y bailaremos.*

G (Sample responses)

1. *Yo comeré hamburguesas.*
2. *Uds. gastarán mucho dinero.*
3. *Tú y yo escogeremos libros de uso.*
4. *Carlos y Ana pasarán el día allí.*
5. *Tú comprarás muchas cosas.*
6. *Roberto estará allí temprano.*

H 1. *¿Será estricto?*
2. *¿Dará muchos exámenes?*
3. *¿Estará en clase el lunes?*
4. *¿Hablará bien español?*
5. *¿Será puntual?*
6. *¿Conocerá a los otros maestros?*

Preguntas personales (Sample responses)

1. *Nací el 19 de diciembre bajo el signo de Sagitario.*
2. *Pablo y María nacieron bajo el mismo signo.*
3. *No consulto el horóscopo.*
4. *Soy tímido(a) y no muy determinado(a).*
5. *Pienso trabajar de abogado(a).*

Diálogo (Sample responses)

¿Dónde estaremos dentro de diez años?
  ¿Quién sabe? ¿Estaremos trabajando?
¿En qué trabajarás?
  Yo espero ser ingeniero.

Yo trabajaré con computadores. Seré programador.
Es una buena profesión. ¿Te casarás?
No, no estaré casado. ¿Y tú?
Sí, creo que yo me casaré.
Veremos si se realizan nuestros sueños.
Si trabajamos mucho, se realizarán.

Información personal   (Sample responses)

1. *Iré al parque.*
2. *Jugaré al béisbol.*
3. *Comenzaré una dieta nueva.*
4. *Compraré muchas frutas.*
5. *Comeré muy poco.*

Lección 19

Notes: Have students draw simple maps of the solar system, labeling the sun, moon, and planets in Spanish.

After reading the lesson narrative, the students might prepare their own skits about bizarre adventures on a strange planet. This is the time to let their imaginations run wild.

Optional Oral Exercises

A. Express the future of each verb with the subject you hear:

1. poder: yo	6. salir: nosotros
2. querer: Ud.	7. venir: Uds.
3. saber: tú	8. decir: yo
4. poner: él	9. hacer: ella
5. tener: ellos	10. ir: ellas

KEY ·

1. *yo podré*	6. *nosotros saldremos*
2. *Ud. querrá*	7. *Uds. vendrán*
3. *tú sabrás*	8. *yo diré*
4. *él pondrá*	9. *ella hará*
5. *ellos tendrán*	10. *ellas irán*

B. Change the following sentences to the future tense:

1. Podemos aterrizar.
2. Ellas no saben si hay vida en el planeta.
3. ¿Quieren venir conmigo?
4. Pongo los periódicos aquí.
5. Ella tiene muchos amigos.
6. ¿Cuándo sale Ud.?
7. Tú vienes mañana.
8. Uds. no dicen la verdad.
9. Nosotros hacemos un viaje.
10. Yo voy también.

KEY

1. *Podremos aterrizar.*
2. *Ellas no sabrán si hay vida en el planeta.*
3. *¿Querrán venir conmigo?*
4. *Pondré los periódicos aquí.*
5. *Ella tendrá muchos amigos.*
6. *¿Cuándo saldrá Ud.?*
7. *Tú vendrás mañana.*
8. *Uds. no dirán la verdad.*
9. *Nosotros haremos un viaje.*
10. *Yo iré también.*

C. Express wonder or probability:

EXAMPLE: ¿Está Juan en la escuela ahora?
¿Estará Juan en la escuela ahora?

1. ¿Sabes qué hora es ahora?
2. ¿Quieren visitar México hoy?
3. ¿Dice ella la verdad ahora?
4. ¿Tienen hambre los niños ahora?
5. ¿Hace buen tiempo en la Florida hoy?

KEY

1. *¿Sabrás qué hora es ahora?*
2. *¿Querrán visitar México hoy?*
3. *¿Dirá ella la verdad ahora?*

4. ¿Tendrán hambre los niños ahora?

5. ¿Hará buen tiempo en la Florida hoy?

D. Say that you will not do the following:

1. leave the house
2. go to the movies
3. tell lies
4. take a trip
5. be able to go to the moon
6. put on a space suit
7. come at 10 o'clock
8. know how to skate

KEY

1. *No saldré de la casa.*
2. *No iré al cine.*
3. *No diré mentiras.*
4. *No haré un viaje.*
5. *No podré ir a la luna.*
6. *No me pondré un traje espacial.*
7. *No vendré a las diez.*
8. *No sabré patinar.*

Key to Actividades

A *La Tierra* forma parte del *sistema solar. La Tierra* gira alrededor del *sol* y la *luz* que vemos durante el *día* es la *luz* del *sol*. Por la *noche* podemos ver la *luna* y las *estrellas.* El *sistema solar* consiste del *sol* y de muchos *planetas.* Un *planeta* que podemos reconocer fácilmente es *Saturno* porque tiene un *anillo.*

B (Sample responses)

Mamá y papá, mi amigo de la Universidad Interplanetaria.

!Qué chica tan fantástica! Eres un sueño.

C

D
1. *El astronauta está en una nave espacial.*
2. *Viajarán allí en una cápsula espacial.*
3. *Los primeros en hacer el viaje serán Paco y Flaco, dos astronautas hispanos.*
4. *Ellos ven unas plantas enormes.*
5. *Reciben mal a los astronautas. No están contentas de verlos.*
6. *Piensan que los seres terrestres son asesinos.*
7. *Quieren comerlos.*
8. *No, no fue cierta.*
9. *Miguelito miraba la televisión.*
10. *Piensa que la ciencia ficción es basura.*

Key to Structures

3 . . . What are the stems of **podrá** and **sabremos?** *podr-* and *sabr-* . What are the infinitives of these verbs? *poder* and *saber.* Can you figure out what happened to the infinitive to become **podre-** and **sabr-** ? *It dropped the e of the infinitive ending.*

. . .	**poder**	**querer**	**saber**
	podré	**querré**	**sabré**
	podrás	*querrás*	*sabrás*
	podrá	*querrá*	*sabrá*
	podremos	*querremos*	*sabremos*
	podrán	*querrán*	*sabrán*

Key to Actividades

E
1. *Sí, podré ir al aeropuerto a recibirte.*
2. *Sí, mis padres querrán ir conmigo.*
3. *Sí, sabré cómo llegar al aeropuerto.*
4. *Sí, sabremos en qué puerta esperarte.*
5. *Sí, podrás llamar por teléfono a tus padres desde mi casa.*
6. *Sí, podremos salir el sábado por la noche.*
7. *Sí, mi hermano querrá salir con nosotros.*
8. *Sí, mis padres podrán prestarme el carro.*

Key to Structures

4 . . .

poner	**tener**	**salir**	**venir**
pondré	**tendré**	**saldré**	**vendré**
pondrás	tendrás	saldrás	vendrás
pondrá	tendrá	saldrá	vendrá
pondremos	tendremos	saldremos	vendremos
pondrán	tendrán	saldrán	vendrán

Key to Actividades

F
1. *saldré*
2. *podré*
3. *querrán*
4. *tendré*
5. *podrán*
6. *vendrán*

G (Sample responses)

1. *Yo saldré a las seis.*
2. *Mis amigos y yo podremos nadar en el lago.*
3. *Usted se pondrá ropa cómoda.*
4. *Roberto y Rosa tendrán que levantarse temprano.*
5. *Tú vendrás a visitarnos.*
6. *Mario querrá ser el guía.*

Key to Structures

5 . . . The stem of the future tense forms of **decir** is *dir-*. The stem of the future tense forms of **hacer** is *har-*.

. . . **diré**	**haré**
dirás	harás
dirá	hará
diremos	haremos
dirán	harán

Key to Actividades

H (Sample responses)

1. *Enrique tendrá que trabajar el próximo verano.*
2. *Nosotros vendremos a comer pasado mañana.*
3. *Tú harás las tareas más tarde.*
4. *Uds. querrán salir los fines de semana.*

5. *Marta y Rosa harán una torta mañana.*
6. *Yo saldré de vacaciones el mes que viene.*
7. *Ud. podrá viajar de hoy en ocho.*
8. *Tú y yo sabremos hablar español el año que viene.*

I   (Sample responses)

1. *Sí, saldré con ellos el sábado.*
2. *Me encontraré con ellos a las nueve.*
3. *Sí, ellos me dirán adónde ir.*
4. *Sí, sabré qué autobús coger.*
5. *No, mi hermano no querrá ir conmigo.*
6. *Sí, tendré suficiente dinero.*
7. *Me pondré una camisa a cuadros y blue-jeans.*
8. *El domingo iremos a una fiesta.*
9. *No, no tendré tiempo de lavar el carro.*
10. *Sí, te diré si pienso regresar tarde a casa.*

Preguntas personales   (Sample responses)

1. *En el año 2020 tendré cuarenta y cinco años.*
2. *Sí, creo que podremos viajar en naves espaciales.*
3. *Sí, es importante explorar el espacio porque esto puede ser útil.*
4. *Un astronauta debe ser inteligente, fuerte y curioso.*
5. *Sí, creo que hay seres vivientes en otras partes del universo.*

Diálogo   (Sample responses)

Mira qué astronave tan extraña.
   Parece una nave muy interesante.
¿Tendrán los astronautas éxito en su misión?
   Sí, creo que tienen bastante experiencia.
¿Qué harán ahora?
   Tratarán de aterrizar en el planeta.
No, no podrán aterrizar tan fácilmente en ese planeta.
   No será fácil, pero estoy seguro que podrán aterrizar.
Veremos qué pasará.
   Sí, será interesante.

Información personal (Sample responses)

1. celebraré la ocasión con una fiesta.
2. viajaré a Europa.
3. descansaré todo el verano.
4. leeré muchos libros y veré muchas películas.
5. empezaré a estudiar en una universidad.

Composición (Sample responses)

Viviré en una ciudad grande.
Trabajaré en una oficina.
Ganaré mucho dinero.
Estaré casado.
Llevaré ropa conservadora.
Habrá música de rock todavía.

Lección 20

Notes: Have students take an imaginary trip. First, they will have to have all their documents in order. They can make their own passports, birth certificates, marriage licenses, and so on, filling in all the necessary information. Then they will have to get through customs with a suitcase packed with lots of forbidden items. The experience should be great fun, while at the same time giving the students a real opportunity to make use of their language knowledge.

Optional Oral Exercises

A. Express the present perfect tense of each verb with the subject you hear:

1. ir: yo
2. llamar: tú
3. lavar: él
4. vivir: Uds.
5. estudiar: nosotros
6. comer: ellas
7. abrir: ella
8. decir: yo
9. poner: Ud.
10. ver: ellos

1. *yo he ido*
2. *tú has llamado*
3. *él ha lavado*
4. *Uds. han vivido*
5. *nosotros hemos estudiado*
6. *ellas han comido*
7. *ella ha abierto*
8. *yo he dicho*
9. *Ud. ha puesto*
10. *ellos han visto*

B.   Change the following sentences to the present perfect tense:

1. Ellos preparan la comida.
2. Mamá cubre la cama.
3. Nosotros hacemos el trabajo.
4. Ud. rompe todo.
5. Ellas organizan los juegos.
6. Tú ves muchas cosas.
7. Yo digo la verdad.
8. Uds. vuelven temprano.
9. María describe sus experiencias.
10. Él lee muchas novelas.

KEY

1. *Ellos han preparado la comida.*
2. *Mamá ha cubierto la cama.*
3. *Nosotros hemos hecho el trabajo.*
4. *Ud. ha roto todo.*
5. *Ellas han organizado los juegos.*
6. *Tú has visto muchas cosas.*
7. *Yo he dicho la verdad.*
8. *Uds. han vuelto temprano.*
9. *María ha descrito sus experiencias.*
10. *Él ha leído muchas novelas.*

C.   Say that you have done the following things:

1. closed the door
2. opened the window
3. broken a vase
4. described a trip
5. discovered a secret
6. seen a ghost
7. believed the whole story
8. said nothing.

1. *Yo he cerrado la puerta.*
2. *Yo he abierto la ventana.*
3. *Yo he roto un florero.*
4. *Yo he descrito un viaje.*
5. *Yo he descubierto un secreto.*
6. *Yo he visto un fantasma.*
7. *Yo he creído toda la historia.*
8. *Yo no he dicho nada.*

D. Directed dialog (See Lesson 8, Optional Oral Exercise D, for full procedures.)

EXAMPLE: Pregúntele a un alumno / una alumna si ha visto a sus amigos.

Student #1: ¿Has visto a tus amigos?
Student #2: No, no les he visto.

Pregúntele a un alumno / una alumna

1. si ha escrito las invitaciones.
2. si ha traído los refrescos.
3. si ha hecho la torta.
4. si ha dicho «Feliz cumpleaños».
5. si ha abierto los regalos.

KEY

STUDENT #1	STUDENT #2 (Sample responses)
1. *¿Has escrito las invitaciones?*	*Sí, las he escrito.*
2. *¿Has traído los refrescos?*	*No, no los he traído.*
3. *¿Has hecho la torta?*	*Sí, la he hecho.*
4. *¿Has dicho «Feliz cumpleaños»?*	*No, no lo he dicho.*
5. *¿Has abierto los regalos?*	*Sí, los he abierto.*

Key to Actividades

A 1. *c*   3. *f*   5. *a*   7. *b*
   2. *h*   4. *g*   6. *d*   8. *e*

B
1. *Espera su turno para pasar la aduana.*
2. *Los miembros de la familia son Mario (el papá), Matilda (la mamá), y sus hijas Minerva y Maruja.*
3. *Ha traído los pasaportes, los certificados de salud y de vacunación, las partidas de nacimiento y su partida de matrimonio.*
4. *¿Tienen algo que declarar?*
5. *Mario no declara nada.*
6. *Dice que tienen unas pocas cosas de uso personal y unos regalos.*
7. *Hay tres cartones de cigarrillos, tres botellas de coñac, dos botellas de vino y dos relojes de oro.*
8. *Maruja puso el maletín en el carro porque pensó que era de ellos.*
9. *Lo encontró en el pasillo del hotel.*
10. *Va a quedarse con el maletín para devolvérselo al dueño.*

Key to Structures

3 . . . What are **cerrado**, **escondido**, and **aburrido** in these sentences? *Adjectives* . . . Can you figure out how these past participles were formed? *The infinitive endings -ar, -er, and -ir were replaced by -ado, -ido, and -ido.*

. . . PAST PARTICIPLE	INFINITIVE
sentado	*sentar*
cansado	*cansar*
preocupado	*preocupar*
vestido	*vestir*
dormido	*dormir*

. . . INFINITIVE	PAST PARTICIPLE
apagar	*apagado*
encender	*encendido*
casar	*casado*
perder	*perdido*
interesar	*interesado*

Key to Actividades

C
1. *cansados*	4. *dormido*	6. *apagada*
2. *aburrida*	5. *encendidas*	7. *escondida*
3. *preocupados*		

D 1. *Julio y Jaime han preparado la ensalada.*
2. *Yo he encendido el fuego.*
3. *Uds. han cocinado las hamburguesas.*
4. *Nora ha buscado dónde comprar sodas.*
5. *Tú has sacado fotos.*
6. *Ud. ha decidido dónde hacer el picnic.*
7. *Mario y yo hemos lavado las frutas.*
8. *Rosa y Josefina han organizado los juegos.*

E (Sample responses)

1. *He estudiado mucho.*
2. *No he estado enfermo.*
3. *He tenido tres exámenes.*
4. *He salido muchas veces.*
5. *He sacado muy buenas notas.*
6. *No he viajado.*

Key to Structures

5 . . . Where does **no** stand in the second Spanish sentence? *Before the form of haber.*

Key to Actividades

F 1. *No, no han terminado todavía.*
2. *No, no he decidido dónde pasarlas.*
3. *No, no he estado nunca allí.*
4. *No, nunca he montado a caballo.*
5. *No, no la he visitado.*
6. *No, ella no ha llegado nunca tarde.*

G 1. *Sí, lo he buscado.*
2. *Sí, la ha preparado.*
3. *Sí, las ha enseñado.*
4. *Sí, lo han aprendido.*
5. *No, no los he escuchado últimamente.*
6. *Sí, la he visitado recientemente.*

H 1. *Mi papá ha leído el periódico.*
2. *Mi mamá ha puesto la mesa.*

3. *Mis hermanos han hecho las tareas.*
4. *Mis hermanos han escrito cartas.*
5. *Mi gato ha descubierto un ratón.*
6. *Mi perro ha roto un florero.*
7. *Mi tía ha vuelto del supermercado.*
8. *Tú has visto un programa de televisión.*

I 1. *Mi padre ha traído los refrescos.*
2. *Mis amigos han dicho «Feliz cumpleaños».*
3. *Mi mamá ha hecho una torta.*
4. *Mis hermanas han cubierto la torta con chocolate.*
5. *Tú has escrito las invitaciones.*
6. *Yo he abierto los regalos.*

J (Sample responses)

1. *Carlos y yo hemos devuelto libros a la biblioteca.*
2. *Carlos y yo hemos sacado el pasaporte.*
3. *Carlos y yo hemos escrito a los hoteles.*
4. *Carlos y yo hemos ido a la agencia de viajes.*
5. *Carlos y yo hemos hecho las maletas.*
6. *Carlos y yo hemos cambiado dólares por pesetas.*
7. *Carlos y yo hemos visto al cónsul español.*
8. *Carlos y yo hemos dicho adiós a los amigos.*
9. *Carlos y yo hemos leído las guías turísticas.*
10. *Carlos y yo hemos pedido la visa.*

K 1. *Roberto y Raúl acaban de correr cinco millas.*
2. *Tú acabas de limpiar tu cuarto.*
3. *Uds. acaban de estudiar para un examen difícil.*
4. *Rosario acaba de trabajar en el jardín.*
5. *José acaba de lavar el carro.*

Preguntas personales   (Sample responses)

1. *He viajado a México.*
2. *Sé qué documentos necesito.*
3. *No necesito pasaporte.*
4. *Me han vacunado contra la polio.*
5. *Dice el año en que nací.*

Información personal   (Sample responses)

1. *No he jugado al golf.*
2. *No he viajado a China.*
3. *No he visto ninguna nave espacial.*
4. *No he visitado el continente africano.*
5. *No he visto ninguna ballena.*

Composición   (Sample responses)

He pasado un mes en México. Viajé con un grupo de amigos de mi escuela porque queríamos conocer el país, aprender más español y divertirnos. Saqué muchas fotos y compré varias cosas típicas. La última semana estuve en la casa de una familia mexicana en la ciudad de México. Si quiere, puedo darle su nombre y su dirección. No compré muchos regalos porque no tenía mucho dinero. No tengo nada que declarar.

Diálogo   (Sample responses)

¿En qué países ha estado Ud.?
  He estado en el Perú, Ecuador y Colombia.
¿Cuánto tiempo ha pasado Ud. fuera de los Estados Unidos?
  He pasado tres meses.
¿Qué cosas ha comprado en su viaje?
  He comprado algunos regalos para mis amigos.
¿Ha gastado más de $300 en regalos?
  No, señora, he gastado $200.
Deme su declaración de aduana y abra esa maleta, por favor.
  Aquí están la declaración y la maleta.

Repaso IV (Lecciones 16-20)

Key to Actividades

A   1. *Ayer jugué al tenis con Juan.*
    2. *El semestre pasado saqué muy buenas notas.*
    3. *Fui a la pizarra y expliqué el problema.*

4. *Pagué $30 por el vestido que compré.*
5. *Cuando llegué a la esquina, un señor me dijo: «Cruce conmigo, por favor».*
6. *Todas las noches recojo mis juguetes.*
7. *Soy policía y persigo a los ladrones.*
8. *Ayer almorcé a la una.*

B (Sample responses)

1. *El avión es más rápido que el tren.*
2. *El libro de español es más importante que el periódico.*
3. *La casa es más pequeña que el edificio.*
4. *La televisión es menos interesante que el cine.*
5. *La jirafa es tan alta como el árbol.*
6. *Las botas son más nuevas que los zapatos.*
7. *El gato es tan grande como el perro.*
8. *El golf es menos divertido que el tenis.*

C

una ballena	*un pavo*	*un ardilla*
una jirafa	*un oso*	*una araña*
un leopardo	*una tortuga*	*una serpiente*
un tiburón		

D

A	N	A	U	D	A	M	N	D	I	E
A	S	T	R	O	N	A	V	E	A	J
T	Q	C	R	U	S	T	T	S	E	A
U	N	Á	E	A	A	E	I	P	T	P
A	O	P	N	T	T	V	E	E	R	I
N	I	S	Í	A	É	L	R	G	O	U
O	V	U	T	F	L	R	R	A	P	Q
R	A	L	E	A	I	S	A	R	A	E
T	N	A	L	Z	T	Z	U	U	S	B
S	M	C	A	E	L	U	N	A	L
A	Q	R	M	O	T	O	L	I	P	P

E

P E S A D I L L A

F A N T A S Í A

M A G O   .

B R U J A S

F A N T A S M A S

Juanita soño con

F

```
        P  E  L U Q U E R O
        P I L  O T O
   B O M B E  R O
 C A R N I C  E R O
        F O T  Ó G R A F A
   P R O G R  A M A D O R A
      P E R I  O D I S T A
           C  A R T E R O
 V E T E R I  N A R I A
 D E N T I S  T A
   Z A P A T  E R O
      P A N A  D E R O
```

G (Sample responses)

1. *Aterrizamos en una ciudad fantástica.*
2. *Unos habitantes extraños nos saludaron.*
3. *La vida diaria era como en la Tierra.*
4. *La Tierra era otro planeta en el espacio.*
5. *La gente también come hamburguesas allí.*
6. *Después de observar todo, dijimos adiós y subimos a nuestra nave espacial.*

I

HABER	PAGAR	MALOS
SABER	*PAGAS*	*MAGOS*
SABES	*PASAS*	*MANOS*
SALES	*CASAS*	*MENOS*
SALAS	COSAS	MENOR

J The correct creature is third from the right.

Achievement Test II (Lessons 11–20)

1 Listening Comprehension

a. 1. Ud. tiene que ir de compras. El cielo está gris y parece que va a llover. Antes de salir Ud. piensa: (Key: *b*)

2. Ud. es mecánico en un garaje y le dice a un cliente: «Si quiere conducir el auto de noche, necesita: (Key: *d*)

3. A Ud. le dieron de regalo para su cumpleaños un suéter que no le gustó. Ud. va a la tienda donde lo compraron y dice: (Key: *c*)

4. Ud. es dependiente en una farmacia. Entra una persona que tose y estornuda mucho. Ud. le vende: (Key: *b*)

5. El señor Romero llega de visita a su casa. Ud. le dice: «Buenas tardes, pase y: (Key: *c*)

b. (Responses may vary)

1. Ud. acaba de llegar de un viaje. El aduanero le pregunta: «¿Qué trae Ud. en ese maletín?» Ud. responde: (Sample Key: *Traigo cosas de uso personal y unos regalos.*)

2. Ud. está en una mueblería. Un dependiente le pregunta: «¿En qué puedo servirle?» Ud. responde: (Sample Key: *Quiero comprar unos muebles para la sala de mi casa.*)

3. Se acercan las vacaciones de verano. Su amigo le pregunta: «¿Qué vas a hacer el mes próximo?» Ud. responde: (Sample Key: *Voy a ir a la playa con mis padres.*)

4. Ud. tiene tos y entra en una farmacia. Ud. le dice al dependiente: (Sample Key: *Necesito un jarabe para la tos.*)

5. Ud. entra en una tienda de ropa. El vendedor le pregunta «¿En qué puedo servirle?» Ud. responde: (Sample Key: *¿Tiene batas de casa?*)

2 Vocabulary

1. *la alfombra*
2. *la llanta*
3. *la estufa*
4. *el carnicero*
5. *la estrella*
6. *la ballena*
7. *la ardilla*
8. *el bombero*
9. *el librero / el estante para libros*
10. *los pañuelos de papel*

3 Structures

a.
1. *seiscientas*
2. *doscientas setenta y una*
3. *tres millones*
4. *cincuenta y un*
5. *cien*

b.
1. *sexto*
2. *cuarto*
3. *séptima*
4. *segunda*
5. *décimo*

c.
1. *saqué*
2. *pagué*
3. *empecé*
4. *recojo*
5. *siga*

d.
1. *tan grande como*
2. *más rápido que*
3. *mejor que*
4. *tan interesante como*
5. *el peor de*
6. *menos simpático que*
7. *mayor*
8. *el más viejo de*
9. *la más pequeña de*
10. *la menor*

e.
1. *visitarán*
2. *haremos*
3. *iré*
4. *estará*
5. *vendrán*
6. *tendrás*
7. *podrán*
8. *querrá*
9. *saldrá*
10. *diremos*

f.
1. *hemos trabajado*
2. *ha comido*
3. *he dicho*
4. *han hecho*
5. *han abierto*
6. *has escrito*
7. *he roto*
8. *ha visto*
9. *ha vuelto*
10. *hemos leído*

g.
1. *El médico lo examina.*
2. *Ella les da el dinero.*
3. *Vivimos cerca de ella.*
4. *Nosotros las hacemos todos los días.*
5. *Él se la explicó.*
6. *Quiero decírsela.*
7. *Sírvanos un café.*
8. *Ud. los vende en la tienda.*
9. *Quiero trabajar en la tienda.*
10. *Ábralo.*
11. *Yo se lo doy.*
12. *Voy a escribirle une carta.*
13. *Véndanosla.*
14. *No vaya sin nosotros.*
15. *No quiero contárselo.*

4 Slot Completion

(1) *c*   (2) *b*   (3) *d*   (4) *b*   (5) *c*

5 Reading Comprehension

1. *d*   2. *d*   3. *a*   4. *d*   5. *b*

6 Compositions (Sample responses)

a. *Mamá y papá, ¿me pueden dar permiso de pasar una semana en la playa en casa de mi amigo Paco?*

Como ya saben Uds., estudié mucho el semestre pasado y saqué muy buenas notas.

Necesito descansar. Así podré nadar en el mar y correr en la playa todos los días.

Los padres de Paco me han invitado a pasar unos días en su casa. Paco puede recogerme, llevarme allí y llevarme a casa después.

b. *Los López acaban de regresar de sus vacaciones en España. Ellos están ahora en la aduana. El aduanero les pregunta: «¿Tienen algo que declarar?» El Sr. López contesta: «No, señor. Sólo tenemos unos regalos para nuestros amigos». El aduanero abre una maleta y dice: «Veo que tienen Uds. muchos amigos. ¿Cómo explican Uds. los cartones de cigarrillos y las botellas de vino . . . ?» Es obvio que los López cogieron la maleta de otra persona y otra persona cogió la de ellos.*

Proficiency Test

1. Speaking

a. Informal Classroom Evaluation

Scores are based on student performance in daily classroom activities during assessment periods, during which students have frequent opportunities to engage in realistic oral communication. Reading aloud and recitation of memorized texts do not constitute oral communication.

Criteria are frequency and consistency of student expression consistent with the proficiency levels to be attained.

Suggested scores for frequency / consistency:

All the time	10
Most of the time	7–9
Half of the time	4–6
Seldom	1–3
Never	0

b. Oral Communication Tasks

Up to 5 credits may be given for each task according to the following criteria:

One credit for each of the four student utterances that is *comprehensive* and *appropriate*.

One credit for the *quality* of all four comprehensible and appropriate student utterances.

No credit is given if the purpose of the task has not been achieved. No credit is given for Yes-No utterances or repetitions.

(Sample Sequences: The teacher is the conversation partner for all tasks.)

A. Socializing

> Student: *Oye, Paco. ¿Qué vas a hacer hoy?*
> Teacher: *No tengo ningún plan.*
> Student: *¿Quieres ir al cine conmigo?*
> Teacher: *No sé. ¿Cómo se llama la película?*
> Student: *Es una película de ciencia ficción: «El ataque de los lobos del espacio».*
> Teacher: *¿A qué hora comienza la película?*
> Student: *Puedo recogerte a las siete y media.*

B. Providing and obtaining information

> Teacher: *Buenas días. ¿En qué puedo servirle?*
> Student: *Necesito un traje nuevo para ir a una fiesta.*
> Teacher: *¿Qué tipo de traje quiere Ud.?*
> Student: *Quiero un traje de color negro o azul oscuro.*
> Teacher: *¿Quiere Ud. algo más?*
> Student: *También quiero una camisa blanca y una corbata a rayas.*
> Teacher: *¿Necesita Ud. calcetines?*
> Student: *No, gracias. Tengo unos pares en casa.*

C. Expressing personal feelings

> Student: *Este semestre todo va muy bien en la escuela.*
> Teacher: *¿Cuántas clases tienes?*
> Student: *Tengo cinco clases: español, inglés, estudios sociales, química y álgebra.*
> Teacher: *¿Quién es tu profesor de español?*
> Student: *Es el señor Quiles. Es muy práctico.*
> Teacher: *¿Qué hacen los alumnos en la clase de español?*
> Student: *Es una clase de conversación. Aprendemos a hablar.*

D. Persuading others to adopt a course of action

> Student: *Mira, Pepita, «Los Diablos» tienen un disco de rock que es fantástico.*
> Teacher: *¿Vas a comprarlo?*
> Student: *No recibo dinero hasta el fin de semana y quiero comprarlo hoy.*
> Teacher: *Entonces, cómpralo el fin de semana.*

Student: *Si no voy a la discoteca ahora mismo, van a venderlos todos.*

Teacher: *¿Cómo puedo ayudarte?*

Student: *Préstame tres pesos y te los pagaré este viernes.*

2. Listening Comprehension

a. Multiple Choice (English)

Procedure: Instruct students to read the directions for Part 2a. After students have read and understood the directions, proceed as follows.

To begin, say, "In Part 2a, you will have to answer ten questions. Each question is based on a short passage that I will read to you. Listen carefully. Before each passage, I will give you some background information in English. Then I will read the passage in Spanish *twice*. After you have heard the passage for the second time, I will read the question in English. This question is also printed in your book.

"After you have heard the question, you will have one minute before I go to the next question. During that time, look at the question and four suggested answers in your book. Choose the best answer and write its number in the space provided. Do not read the question and answers or take notes while listening to the passage. I will now begin."

Administer each item in Part 2a, numbered 1 to 10, as follows: First, read the setting in English *once*, then the listening-comprehension passage in Spanish *twice in succession*. Make every effort to read the passage in the way students would hear it in an authentic setting. Then read the question in English *once*. Pause for no more than one minute before proceeding to the next item.

1. You overhear your friend Carlos speaking to your teacher. He says:

   No me siento bien. No puedo respirar. Estornudo constantemente. Tengo mucho calor. Creo que tengo fiebre alta. No sé si podré ir a clases mañana.

   What is wrong with Carlos? (Key: *4*)

2. You have been waiting at the airport to catch a plane. You hear the following over the loudspeaker:

Atención. El vuelo número 35 de Aeroméxico con destino a Veracruz saldrá a las tres y treinta de la tarde. Los pasajeros deberán abordar el avión por la puerta número cinco.

What should you do when you hear this announcement? (Key: 2)

3. At the end of the class period, you hear your teacher say:

Uds. saben que hay un examen mañana. No es un examen de gramática. Hay que estudiar todas las palabras y expresiones de los cuentos que hemos leído.

What will you have to study for the test? (Key: 4)

4. Your friend Tomás and you are in a restaurant. You hear Tomás ordering:

Primero deseo un vaso de jugo de naranja. Después me trae dos huevos fritos, tostadas con mantequilla y una taza de café.

Which meal is Tomás eating? (Key: 1)

5. You hear the following weather report on the radio:

La temperatura está bajando rápidamente. Hace mucho frío. Esta noche va a nevar. No use su automóvil si no es necesario.

In what season of the year are we? (Key: 4)

6. You are at a bus station in Mexico City. You want to buy a ticket to Acapulco. The ticket agent tells you the following:

Lo siento mucho, pero los autobuses que van a Acapulco no están saliendo a la hora hoy. Hubo un accidente en la carretera, y los autobuses van por otro lugar. El próximo autobús saldrá a las tres de la tarde. Ud. puede esperar aquí en la estación.

Why can't you take the scheduled bus? (Key: 3)

7. You have just arrived in Santo Domingo. It's Saturday night. Your friend calls you at the hotel and says:

Tengo una idea. Esta noche, en el Teatro Atlántico, dan una película fantástica: «El Amor del Verano». La famosa actriz María Cristina canta y baila en la película. Todo el mundo va a ir. ¿Qué te parece? ¿Vamos juntos?

What is your friend's suggestion? (Key: 1)

8. Your cousin's family in Puerto Rico is making preparations for a picnic at Luquillo Beach. Carmen says:

Vamos a necesitar muchas cosas. Primero tenemos que comprar platos de cartón, cucharas, tenedores y cuchillos plásticos. Necesitamos también pan, jamón y queso para hacer sandwiches. Finalmente, hay que comprar refrescos, dulces y frutas.

Where can these items be bought? (Key: 4)

9. You are walking with a group of friends. One of them says:

Traigo buenas noticias. Mi padre dice que, si saco buenas notas este semestre, vamos a pasar las vacaciones de verano en España. Vamos a viajar por todo el país y visitar los lugares de interés de las grandes ciudades como Madrid, Barcelona y Valencia. ¡Estoy tan contento!

What's the good news? (Key: 4)

10. Your telephone rings. You pick up the receiver and hear your Costa Rican pen pal's excited voice:

Estaba escuchando la radio y oí una nueva canción de los Estados Unidos. Me gusta mucho y quiero comprar el disco. No sé el nombre de la canción ni del grupo que la canta, pero dijeron en la radio que era el éxito número uno en tu país. ¿Puedes comprarme ese disco?

What does your friend want you to do? (Key: 2)

b. Multiple Choice (Spanish)

Procedure: Instruct students to read the directions for Part 2b. After students have read and understood the directions, say:

"In Part 2b, you will have to answer 5 questions. Part 2b is like Part 2a, except that the questions and answers will be in Spanish. I will now begin."

Administer Part 2b in the same manner as Part 2a.

11. You are on vacation in Mexico and overhear two mothers talking. One of them says:

    Estoy tranquila. Pepe y Jorge están lejos del agua. Están jugando alegremente en la arena.

    ¿Qué hacen los niños? (Key: 3)

12. Your friends María and Pablo are making plans for the summer. María says:

    ¡Pablo! Estoy tan contenta. Mañana es el último día de clases. La semana próxima estaremos en las playas de Puerto Rico.

    ¿Adónde van los jóvenes? (Key: 2)

13. You overhear two high-school seniors discuss their future:

    Mario, ¿a que universidad piensas ir? ¿Tienes bastante dinero para vivir fuera de casa?

    No sé, Enrique. Tengo poco dinero. Creo que tendré que trabajar para pagar parte del coste de mis estudios.

    ¿De qué hablan estas personas? (Key: 2)

14. The Club Español in your school is having a social. You overhear a member say:

    Este año voy a graduarme en la escuela secundaria. Yo sé hablar inglés y español muy bien. Pero me gustan más las ciencias. Quiero estudiar en la Facultad de Medicina y hacerme un médico famoso.

    ¿Qué se sabe de este joven? (Key: 4)

15. Francisca describes her new job:

> En realidad el trabajo no es malo. Me pagan un buen sueldo. Pero hay muchos que fuman aquí, y eso no me gusta. Las reglas dicen que está estrictamente prohibido fumar en ciertos lugares.

> ¿Qué no le gustaba a Francisca? (Key: 3)

c. Multiple Choice (Visual)

Procedure: Instruct students to read the directions for Part 2c. After students have read and understood the directions, say:

"In Part 2c, you will have to answer 5 questions. Part 2c is like Parts 2a and 2b, except that the questions are in English and the answers are pictures. Choose the picture that best answers the question and circle its number. I will now begin."

Administer Part 2c in the same manner as Parts 2a and 2b.

16. Your friend Paco describes his work to you:

> Mi trabajo no es fácil, pero es muy interesante. Cuando no funciona un auto, tengo que encontrar la causa del problema y hacer las reparaciones necesarias.

> Which picture best describes Paco's occupation? (Key: 3)

17. You are in a department store in Buenos Aires. The clerk says to the customer in front of you:

> ¿Eso es todo? Bueno, la camisa cuesta diez australes, los calcetines, dos cincuenta y la corbata, cinco australes. Puede pagar con su tarjeta de crédito si quiere.

> What are some of the things bought by the customer? (Key: 2)

18. Your classmate Lola is talking about what she has to do:

> No tengo otra alternativa. Tengo que estudiar durante todo el día si quiero aprobar el examen de matemática. Voy a la biblioteca, donde no hay ruido.

> Where is Lola going? (Key: 2)

19. Your friend describes one of his favorite places:

Siempre vengo aquí. Los precios son razonables y el servicio es excelente. Pero lo más importante es que hay una gran variedad de platos.

What is being described? (Key: 3)

20. The anchorman is reporting the following on the evening news-cast:

Esta tarde dos hombres armados entraron en la joyería Sánchez. Robaron más de diez mil dólares de la tienda. Afortunadamente un policía vio a los ladrones en la calle y los arrestó inmediatamente.

What did the policeman do? (Key: 2)

3. Reading

Key:	21 (2)	26 (4)
	22 (4)	27 (3)
	23 (3)	28 (4)
	24 (1)	29 (2)
	25 (2)	30 (2)

4. Writing

a. Rate each note as follows:

Read the entire note to determine whether its purpose has been achieved.

If the purpose has been achieved and the note consists of at least 12 comprehensible words (not including salutation and closing), give three credits.

If the purpose has been achieved but the note consists of fewer than 12 comprehensible words (not including salutation and closing), give two credits.

If the purpose has not been achieved (regardless of the number of words used), give no credit.

(Sample responses)

1. *Querido primo Juan:*
   Muchísimas gracias por el tocadiscos que me regalaste el día de mi cumpleaños. Es algo que yo siempre quería.

2. *Manuel, ¿qué tal te trata el frío del norte? Yo estoy en la playa tostándome y pasando un buen rato.*

b. Rate each list by awarding 1/2 credit for each comprehensible and appropriate item on the list. Place a checkmark [✓] next to items that are incomprehensible and/or inappropriate and, therefore, receive no credit.

(Sample responses)

1. *los refrescos*
   una torta
   una piñata
   el helado

2. *un par de zapatos*
   otras dos camisas
   ropa interior
   una chaqueta